王国维自述

王国维 著　文明国 编

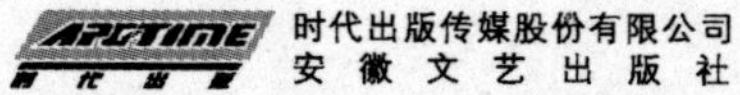

时代出版传媒股份有限公司
安徽文艺出版社

图书在版编目（CIP）数据

王国维自述/王国维著；文明国编.—合肥：安徽文艺出版社，2013.12

（晚清名人自述系列）

ISBN 978-7-5396-4784-5

Ⅰ.①王… Ⅱ.①王… ②文… Ⅲ.①王国维（1877～1927）—自传 Ⅳ.①K825.4

中国版本图书馆CIP数据核字(2013)第291502号

出 版 人：朱寒冬　　责任编辑：宋潇婧

特约编辑：韩美玲　　封面设计：汪要军

出版发行：时代出版传媒股份有限公司　www.press-mart.com

安徽文艺出版社　www.awpub.com

地　　址：合肥市翡翠路1118号　邮政编码：230071

营 销 部：(0551)63533889

印　　制：北京鑫瑞兴印刷有限公司（010）69826058

开本：710×1000 1/16　印张：14　字数：150千字

版次：2014年3月第1版　2014年3月第1次印刷

定价：28.00元

海宁王忠悫公传（代序一）

罗振玉

公讳国维，字静安，亦字伯隅，号观堂，亦曰永观，浙江海宁州人。先世籍开封，当北宋时，其远祖曰珪、曰光祖、曰禀、曰荀，四世均以武功显，而三世死国难，事迹具《宋史》。高宗时，子孙扈跸南渡，遂家海宁，其后嗣隆替，载于家牒，此不备书。曾祖某、祖某，并潜德不耀。考乃誉，值洪杨之乱，弃儒而贾。公生而岐嶷，读书通敏异常儿，年未冠，文名噪乡里。寻入州学，以不喜帖括之学，再应乡举不中程，乃益肆力于诗古文。于时中日战役后，和议告成，国威稍替，海内士夫，争抵掌言天下事，谋变法自强。光绪丙申，钱唐汪穰卿康年创设《时务报》于上海，以文章鼓吹天下，人心为之振动。异日乱阶，遂兆于此，然在首事者，初未知祸之烈且至是也。公时方冠，思有以自试，且为菽水谋，乃襆被至沪江，顾无所遇，适同学某孝廉为舍人司书记，以事返乡里，遣公为之代。明年，予与吴县蒋伯斧学博黼结农学社于上海，移译东西各国农学书报，以乏译才，遂以戊戌夏立东文学社造就之，聘日本藤田博士丰八为教授。公来受学，时予尚未知公，乃于其同舍生扇头读公咏史绝句，知为伟器，遂拔之俦类之中，为赡其家，俾力学无内顾忧。岁庚子，既毕业，予适主武昌农学校，延公任译授。明年秋，公东渡留学日本物理学校。期年，以脚气归，主予家。病愈，乃荐公于南通师范学校，主讲哲学、心理、伦理诸学。甲辰秋，予主江苏师范学校，公乃移讲席于苏州，凡三年。丙午春，予奉学部奏调，明年荐公学行于蒙古荣文恪公庆，命在学部总务司行走，历充图书馆编译、名词馆协修。及辛亥冬国变作，予挂冠神武，避地东渡，公携家相从，寓日本京都，是时予交公十四年矣。初公治古文辞，自以所学根柢未深，读江子屏《国朝汉学师承记》，欲于此求修学涂经。予谓："江氏说多偏驳，国朝学术实导源于顾亭林处士，厥后作者辈出，而造诣最精者，为戴氏震、程氏易畴、钱氏大昕、汪氏中、段氏玉裁及高邮二王，因以家书赠之。公虽加流览，然方治东西洋学术，未遑专力于此，课余复从藤田博士治欧文及西洋哲学、文学、美术，尤喜韩图（今译康德）、叔本华、尼采诸家之说，发挥其旨趣，为《静安文集》。在吴刻所为诗词，在都门攻治戏曲，著书甚多，并为艺林所推重。至是予乃劝公专研国学，而先于小学、训诂植其基，并与论学术得失，谓尼山之学在信古，今人则信今而疑古。国朝学者疑《古文尚书》、疑《尚书孔注》、疑《家语》，所疑固未尝不当，及大名崔氏著《考信录》，则多疑所不必疑，至今晚近变本加厉，至谓诸经皆出伪造。至欧西之学，其立论多似周秦诸子，若尼采诸学说，贱仁义、薄谦逊、非节制，欲创新文化以代旧文化，则流弊滋多。方今世论益歧，三千年之教泽不绝如线，非矫枉不能反经。士生今日，万事无可为，欲拯此横流，舍反经信古末由也。公年方壮，予亦未至衰暮，守先待后，期与子共勉之。”公闻而愯然，自怼以前所学未醇，乃取行箧《静安文集》百余册悉摧烧之，欲北面称弟子，予以东原之于茂堂者谢之。其迁善徙义之勇如此。公居海东，既尽弃所学，乃寝馈于往岁予所赠诸家之书。复尽出大云书库藏书五十万卷、古器物铭识拓本数千通、古彝器及他古器物千余品，恣公搜付〈讨〉。复与海内外学者移书论学，国内则沈乙庵尚书、柯蓼园学士，欧洲则沙畹及伯希和博士，海东则内藤湖南、狩野子温、藤田剑峰诸博士及东西两京大学诸教授。每著一书，必就予商体例、衡得失。如是者数年，所造乃益深且醇。公先予三年返国，予割藏书十之一赠之。送之神户，执公手曰："以君进德之勇，异日以亭林相期矣。"公既返国，为欧人某主持学报；并遍观乌程蒋氏藏书，为编书目；并取平生著述，撷其精粹，为《观堂集林》二十卷，三十五以前所作，弃之如土苴，即所为诗词，亦删薙不存一字。盖公居东后，为学之旨与前此殊也。壬戌冬，蒙古升吉相国奏请选海内耆宿供奉南书房，以益圣学，首以公荐，得旨俞允。明年夏，公入都就职，奉旨赏食五品俸，赐紫禁城骑马，命检昭阳殿书籍。公以韦布骤为近臣，感恩遇，再上封事，得旨褒许。甲子秋，予继入南斋，奉命与公检定内府所藏古彝器。乃十月值宫门之变，公援主辱臣死之义，欲自沉神武门御河者再，皆不果。及车驾幸日使馆，明年春幸天津。奉命就清华学校研究院掌教，以国学授诸生。然津京间战祸频仍，公日忧行朝，频至天津，欲有所陈请，语呐辄不达。今年夏，南势北渐，危且益甚，公欲言不可，欲默不忍，乃卒以五月三日自沉颐和园之昆明湖以死。家人于衣带中得遗墨，自明死志曰，五十之年，只欠一死，经此世变，义无再辱云云，并属予代呈封章。疏入，天子览奏陨涕。初五日诏曰："南书房行走五品衔王国维，学问博通，躬行廉谨，由诸生经朕特加拔擢，供职南斋，因值播迁，留京讲学，尚不时来京<津>召对，依恋出于至诚。遽览遗章，竟自沉渊而逝，孤忠耿耿，深恻朕怀。著加恩予谥忠悫，派贝子溥伒即日前往奠醊，赏给陀罗经被，并赏银贰千圆治丧，由留京办事处发给，以示朕悯惜贞臣之至意。"其哀荣为二百余年所未有。海内外人士，知与不知，莫不悼惜，公至是可谓不负所学矣。予既人都哭公，并经纪其身后，遗著盈尺，将以一岁之力为之任编订。此虽在公为羽毛，公之不朽，固在彼不在此，然固后死者之责矣。公生于光绪丁丑十月二十九日，卒于丁卯五月三日，得年五十有一。娶莫氏、继室潘氏，子潜明、高明、贞明、纪明、慈明、登明，孙庆端。潜明，予子婿也，先公一年卒。秋七月十七日，其嗣子将遵遗命卜葬于清华园侧。海内外人士以予交公久、知公深，多就予访公学行，乃挥涕为之传，俟异日史官采焉。

论曰：公平生与人交，简默不露圭角，自待顾甚高。方为汪舍人司书记，第日记门客及书翰往来而已，故抑郁不自聊。及与予交，为谋甘旨俾成学，遂无忧生之嗟，在他人必感知矣，而公顾落落，若曰此惠我耳，非知我也。及陈善纳诲，以守先待后相勉，一旦乃欲北面，意殆曰：

此真我矣。其所以报之者，乃在植节立行，不负所学，斯不负故人贤者之所为，固与世俗之感惠徇知者异矣。又公之一生，予知公虽久，而素庵相国知之尤深。相国素严正少许可，尝主予家，一见公遽相推许，后遂加荐剡，公感知遇，执贽门下。及相国闻公死耗，泣然曰："士夫不可不读书，然要在守先圣经训耳，非词章记诵之谓也。尝见世之号博雅者，每贵文贱行，临难巧辞以自免。今静安学博而守约，执德不回，此予所以重之也。"呜呼！相国真知人哉。

（《碑传集三编》七册卷三一，台湾文海出版社，一九八〇年）

《观堂集林》序[①]（代序二）

罗振玉

海宁王静安征君，裒其前后考证经史之作并诗文若干篇，为《观堂集林》二十四卷。乌程蒋孟蘋学部为之校刊，成书有日矣。征君书来，索余文弁其首。

余谓征君之学，于国朝二百馀年中，最近歙县程易畴先生及吴县吴愙斋中丞。程君之书以精识胜，而以目验辅之。其时古文字、古器物尚未大出，故扃涂虽启，而运用未宏。吴君之书全据近出之文字、器物以立言，其源出于程君，而精博则逊之。征君具程君之学识，步吴君之轨躅，又当古文字、古器物大出之世，故其规模大于程君，而精博过于吴君。海内新旧学者咸推重君书无异辞，然则余于君书，其又何言？虽然，余交君二十有六年，于君学问之变化知之为最深。光绪戊戌，始与君相见于上海，时余年三十有三，君二十有二。君方治东西文字，继又治泰西哲学。逮岁丁未，

① 此文虽署“罗振玉”，实为王国维之代作，罗仅改定数语。撰于一九二三年，收入《观堂集林》卷首。

君有《静庵文集》之刻。戊申以后，与君同客京师，君又治元明以来通俗文学，时则有《曲录》之刻，而《宋元戏曲史》亦属草于此时。然君治哲学，未尝溺新说而废旧闻；其治通俗文学，亦未尝尊俚辞而薄雅故。辛亥之变，君复与余航海居日本。自是始尽弃前学，专治经史，日读注疏尽数卷，又旁治古文字声韵之学。甲寅，君与余共考释《流沙坠简》。余考殷虚文字，亦颇采君说。丙辰之春，君自日本归上海，为英伦哈同氏编《学术丛刊杂志》，君之撰述乃益富。丁巳，君撰《殷卜辞中所见先公先王考》及《殷周制度论》，义据精深，方法缜密，极考证家之能事。而于周代立制之源，及成王、周公所以治天下之意，言之尤为真切，自来说诸经大义，未有如此之贯串者。盖君之学实由文字、声韵以考古代之制度、文物，并其立制之所以然。其术皆由博以反约，由疑而得信，务在不悖不惑，当于理而止。其于古人之学说亦然。君尝谓今之学者，于古人之制度、文物、学说无不疑，独不肯自疑其立说之根据。呜呼！味君此言，可以知君二十年中学问变化之故矣。君今年四十有七，百里之途，行尚未半。自兹以往，固将揖伏生、申公而与之同游，非徒比肩程、吴而已。

癸亥二月，上虞罗振玉序于天津寓居之二万石斋。

目 录

第一编 自 述

第二编 人物与交游

第三编　序、跋与评论

第四编 散记五篇

王国维自述

第一编

自　述

《静庵文集》自序

余之研究哲学，始于辛壬之间。癸卯春，始读汗德之《纯理批评》，苦其不可解，读几半而辍。嗣读叔本华之书而大好之。自癸卯之夏，以至甲辰之冬，皆与叔本华之书为伴侣之时代也。其所尤惬心者，则在叔本华之《知识论》，汗德之说得因之以上窥。然于其人生哲学观，其观察之精锐，与议论之犀利，亦未尝不心怡神释也。后渐觉其有矛盾之处，去夏所作《红楼梦评论》，其立论虽全在叔氏之立脚地，然于第四章内已提出绝大之疑问。旋悟叔氏之说，半出于其主观的气质，而无关于客观的知识。此意于《叔本华及尼采》一文中始畅发之。今岁之春，复返而读汗德之书，嗣今以后，将以数年之力，研究汗德。他日稍有所进，取前说而读之，亦一快也。故并诸杂文刊而行之，以存此二三年间思想上之陈迹云尔。

光绪三十一年秋八月，海宁王国维自序。

自 序（一）

岁月不居，时节如流，犬马之齿，已过三十。志学以来，十有余年，体素羸弱，不能锐进于学。进无师友之助，退有生事之累，故十年所造，遂如今日而已。然此十年间进步之迹，有可言焉。夫怀旧之感，恒笃于暮年；进取之方，不容于反顾。余年甫壮，而学未成冀一篑以为山，行百里而未半。然举前十年之进步，以为后此十年二十年进步之券，非敢自喜，抑亦自策励之一道也。余家在海宁，故中人产也，一岁所入，略足以给衣食。家有书五六箧，除《十三经注疏》为儿时所不喜外，其余晚自塾归，每泛览焉。十六岁，见友人读《汉书》而悦之，乃以幼时所储蓄之岁朝钱万，购《前四史》于杭州，是为平生读书之始。时方治举子业，又以其间学骈文散文，用力不专，略能形似而已。未几而有甲午之役，始知世尚有所谓学者。家贫不能以资供游学，居恒怏怏，亦不能专力于是矣。二十二岁正月，始至上海，主时务报馆，任书记校雠之役。二月而上虞罗君振玉等私立之东文学社成，请于馆主汪君康年，日以午后三小时往学焉。汪君许之，然馆事颇剧，无自习之暇，故半年中之进步，不如同学诸子远甚。夏六月，又以病足归里，数月而愈。愈而复至沪，则时务报馆已闭，罗君乃使治社之庶务，而免其学资。是时社中教师为日本文学士藤田丰八、田冈佐代治二君。二君故治哲学，余一日见田冈君之文集中，有引汗德、叔本华之哲学者，心甚喜之。顾文字暌隔，自以为终身无读二氏之书之日矣。次年社中兼授数学、物理、化学、英文等，其时担任数学者，即藤田君。君以文学者而授数学，亦未尝不自笑也。顾君勤于教授，其时所用藤泽博士之算术代数两教科书，问题殆以万计，同学三四人者，无一问题不解，君亦无一不校阅也。又一年，而值庚子之变，学社解散。盖余之学于东文学社也，二年有半，而其学英文亦一年有半。时方毕第三读本，乃购第四、第五读本，归里自习之。日尽一二课，必以能解为度，不解者且置之。而北乱稍定，罗君乃助以资，使游学于日本。亦从藤田君之劝，拟专修理学。故抵日本后，昼习英文，夜至物理学校习数学。留东京四五月而病作，遂以是夏归国。自是以后，遂为独学之时代矣。体素羸弱，性复忧郁，人生之问题，日往复于吾前。自是始决从事于哲学，而此时为余读书之指导者，亦即藤田君也。次岁春，始读翻尔彭之《社会学》，及文之《名学》、海甫定《心理学》之半。而所购哲学之书亦至，于是暂辍心理学而读巴尔善之《哲学概论》，文特尔彭之《哲学史》，当时之读此等书，固与前日之读英文读本之道无异。幸而已得读日文，则与日文之此类书参照而观之，遂得通其大略。既卒《哲学概论》、《哲学史》，次年始读汗德之《纯理批评》。至《先天分析论》几全不可解，更辍不读，而读叔本华之《意志及表象之世界》一书。叔氏之书，思精而笔锐。是岁前后读二过，次及于其《充足理由之原则论》、《自然中之意志论》，及其文集等。尤以其《意志及表象之世界》中《汗德哲学之批评》一篇，为通汗德哲学关键。至二十九岁，更返而读汗德之书，则非复前日之窒碍矣。嗣是于汗德之《纯理批评》外，兼及其伦理学及美学。至今年从事第四次之研究，则窒碍更少，而觉其窒碍之处大抵其说之不可持处而已。此则当日志学之初所不及料，而在今日亦得以自慰藉者也。此外如洛克休蒙之书，亦时涉猎及之。近数年来为学之大略如此。顾此五六年间，亦非能终日治学问，其为生活故而治他人之事，日少则二三时，多或三四时，其所用以读书者，日多不逾四时，少不过二时。过此以往则精神涣散，非与朋友谈论，则涉猎杂书。唯此二三时间之读书，则非有大故，不稍间断而已。夫以余境之贫薄，而体之孱弱也，又每日为学时间之寡也，持之以恒，尚能小有所就，况财力精力之倍于余者，循序而进，其所造岂有量哉！故书十年间之进步，非徒以为责他日进步之券，亦将以励今之人使不自馁也。若夫余之哲学上及文学上之撰述，其见识文采亦诚有过人者，此则汪氏中所谓“斯有天致，非由人力，虽情苻曩哲，未足多矜”者，固不暇为世告焉。

自　序（二）

前篇既述数年间为学之事，兹复就为学之结果述之：余疲于哲学有日矣。哲学上之说，大都可爱者不可信，可信者不可爱。余知真理，而余又爱其谬误。伟大之形而上学，高严之伦理学，与纯粹之美学，此吾人所酷嗜也。然求共可信者，则宁在知识论上之实证论，伦理学上之快乐论，与美学上之经验论。知其可信而不能爱，觉其可爱而不能信，此近二三年中最大之烦闷，而近日之嗜好所以渐由哲学而移于文学，而欲于其中求直接之慰藉者也。要之，余之性质，欲为哲学家则感情苦多，而知力苦寡；欲为诗人，则又苦感情寡而理性多。诗歌乎？哲学乎？他日以何者终吾身，所不敢知，抑在二者之间乎？

今日之哲学界，自赫尔德曼以后，未有敢立一家系统者也。居今日而欲自立一新系统，自创一新哲学，非愚则狂也。近二十年之哲学家，如德之芬德，英之斯宾塞尔，但搜集科学之结果，或古人之说而综合之、修正之耳。此皆第二流之作者，又皆所谓可信而不可爱者也。此外所谓哲学家，则实哲学史家耳。以余之力，加之以学问，以研究哲学史，或可操成功之券。然为哲学家，则不能；为哲学史，则又不喜，此亦疲于哲学之一原因也。

近年嗜好之移于文学，亦有由焉，则填词之成功是也。余之于词，虽所作尚不及百阕，然自南宋以后，除一二人外，尚未有能及余者。则平日之所自信也，虽比之五代、北宋之大词人，余愧有所不如，然此等词人，亦未始无不及余之处。因词之成功，而有志于戏曲，此亦近日之奢愿也。然词之于戏曲，一抒情，一叙事，其性质既异，其难易又殊。又何敢因前者之成功，而遽冀后者乎？但余所以有志于戏曲者，又自有故。吾中国文学之最不振者，莫戏曲若。元之杂剧，明之传奇，存于今日者，尚以百数。其中之文字，虽有佳者，然其理想及结构，虽欲不谓至幼稚，至拙劣，不可得也。国朝之作者，虽略有进步，然比诸西洋之名剧，相去尚不能以道里计。此余所以自忘其不敏，而独有志乎是也。然目与手不相谋，志与力不相副，此又后人之通病。故他日能为之与否，所不敢知，至为之而能成功与否，则愈不敢知矣。

虽然，以余今日研究之日浅，而修养之力乏，而遽绝望于哲学及文学，毋乃太早计乎！苟积毕生之力，安知于哲学上不有所得，而于文学上不终有成功之一日乎？即今一无成功，而得于局促之生活中，以思索玩赏为消遣之法，以自逭于声色货利之域，其益固已多矣。诗云：“且以喜乐，且以永日。”此吾辈才弱者之所有事也。若夫深湛之思。创造之力，苟一日集于余躬，则俟诸天之所为欤！俟诸天之所为欤！

遗　嘱[1]

五十之年，只欠一死。经此世变，义无再辱。我死后，当草草棺殓，即行稿葬于清华园茔地，汝等不能南归，亦可暂于城内居住。汝兄亦不必奔丧，因道路不通，渠又不能出门故也。书籍可托陈、吴二先生处理[2]。家人自有人料理，必不致不能南归。我虽无财产分文遗汝等，然苟谨慎勤俭，亦必不致饿死也。

五月二日，父字。

① 一九二七年六月二日（五月初二），王国维自沉后，从其内衣口袋得《遗嘱》一纸，一面书写："送西院十八号王贞明先生收。"王贞明，王国维之第三子也。

② 陈、吴二先生，即陈寅恪与吴宓。

王国维自述

第二编

人物与交游

沈乙庵先生七十寿序

我朝三百年间，学术三变：国初一变也，乾、嘉一变也，道、咸以降一变也。顺、康之世，天造草昧，学者多胜国遗老。离丧乱之后，志在经世，故多为致用之学，求之经史，得其本原，一扫明代苟且破碎之习，而实学以兴。雍、乾以后，纪纲既张，天下大定，士大夫得肆意稽古，不复视为经世之具，而经史小学专门之业兴焉。道、咸以降，涂辙稍变，言经者及今文，考史者兼辽、金、元，治地理者逮四裔，务为前人所不为，虽承乾、嘉专门之学，然亦逆睹世变，有国初诸老经世之志。故国初之学大，乾、嘉之学精，道、咸以降之学新。窃于其间得开创者三人焉：曰昆山顾先生，曰休宁戴先生，曰嘉定钱先生。国初之学，创于亭林；乾、嘉之学，创于东原、竹汀、道、咸以降之学，乃二派之合而稍偏至者，其开创者，仍当于二派中求之焉。盖尝论之：亭林之学，经世之学也，以经世为体，以经史为用。东原、竹汀之学，经史之学也，以经史为体，而其所得，往往裨于经世。盖一为开国时之学，一为全盛时之学，其涂术不同，亦时势使之然也。道、咸以降，学者尚承乾、嘉之风，然其时政治风俗，已渐变于昔，国势亦稍稍不振，士大夫有忧之而不知所出，乃或托于先秦、西汉之学，以图变革一切，然颇不循国初及乾、嘉诸老为学之成法。其所陈夫古者，不必尽如古人之真，而其所以切今者，亦未必适中当世之弊。其言可以情感，而不能尽以理究。如龚璱人、魏默深之俦，其学在道、咸后，虽不逮国初、乾、嘉二派之盛，然为此二派之所不能摄，其逸而出此者，亦时势使之然也。今者时势又剧变矣，学术之必变，盖不待言。世之言学者，辄伥伥无所归，顾莫不推嘉兴沈先生，以为亭林、东原、竹汀者俦也。先生少年固已尽通国初及乾、嘉诸家之说，中年治辽、金、元三史，治四裔地理，又为道、咸以降之学，然一秉先正成法，无或逾越。其于人心世道之污隆，政事之利病，必穷其原委，似国初诸老。其视经史为独立之学，而益探其奥窔，拓其区宇，不让乾、嘉诸先生。至于综览百家，旁及二氏，一以治经史之法治之，则又为自来学者所未及。若夫缅想在昔，达观时变，有先知之哲，有不可解之情，知天而不任天，遗世而不忘世，如古圣哲之所感者，则仅以其一二见于歌诗。发为口说，言之不能以详，世所得而窥见者，其为学之方法而已。夫学问之品类不同，而其方法则一。国初诸老，用此以治经世之学；乾、嘉诸老，用之以治经史之学，先生复广之以治一切诸学。趣博而旨约，识高而议平，其忧世之深，有过于龚、魏，而择术之慎，不后于戴、钱。学者得其片言，具其一体，犹足以名一家，立一说。其所以继承前哲者以此，其所以开创来学者亦以此。使后之学术，变而不失其正鹄者，其必由先生之道矣。窃又闻之：国家与学术为存亡，天而未厌中国也，必不亡其学术；天不欲亡中国之学术，则于学术所寄之人，必因而笃之。世变愈亟，则所以笃之者愈至，使伏生、浮邱伯辈天不畀以期顾之寿，则《诗》、《书》绝于秦火矣。既验于古，必验于今。其在《诗》曰："乐只君子，邦君之基；乐只君子，万寿无期。"又曰："乐只君子，邦家之光；乐只君子，万寿无疆。"若先生者，非所谓"学术所寄"者欤？非所谓"邦家之基"、"邦家之光"者欤？己未二月，先生年正七十，因书先生之学所以继往开来者，以寿先生，并使世人知先生。自兹以往，康强寿耇，永永无疆者，固可由天之不亡中国学术卜之矣！

郭春榆宫保七十寿序

国朝故事，官制有国史院领。以大学士后罢内三院，仍设馆于禁城内，置总裁纂修，协修诸官，以词臣兼之。其书体例如《古正史通》，列朝为一书。国祚无疆，斯国史亦与之为无疆。故自设官，以讫宣统辛亥，二百六十有七年。唯十朝本纪草稿完具，列传一类，除内官二品以上及特旨宣付臣僚奏请立传外，未尝博采。表志二类，亦仅具梗概，盖未有成书也。唯列圣嗣服之初，每诏儒臣修先皇帝实录，其选任较精，责任较专，程限较严，叙较优，故成书亦较完且速。今日得详我列祖列宗之圣德神功，及三百年来之事迹者，唯实录而已。洪唯我德宗景皇帝临御天下三十有四年，仁孝恭俭之德，勤政爱民之心，洽于四海。又值中外大通，事变蜂起，因革损益，经纬万端而盛德鸿业未有记注。宣统元年六月，皇帝始命臣工恭纂实录，三年而遘辛亥之变，属稿才得十一、二。壬子四月，复奉诏纂修，时总裁官为长白世文端公续、吴县陆文端公润痒，而今太傅闽县陈侍郎宝琛、今宫保侯官郭侍郎曾炘、宗室宝侍郎熙，副之提调则裕参议隆、李侍讲经畬。总纂则钱侍读骏祥、熊侍读方燧、蓝编修钰。总校则程侍讲棫林、朱编修汝珍。纂修则袁侍讲励准、吴撰文怀清、王编修大钧、金编修北丰、欧侍御家廉、温侍御肃、何编修国澧、张检讨书云、章检讨梫、史编修宝安、李编修湛田、黎编修湛枝、吴编修德镇、胡编修骏、龚编修元凯、郑编修家溉。草创于壬子之夏，讫事于辛酉之冬，计十年而书成，凡五百九十七卷。其正本既尊藏于皇史宬，副本之恭储于乾清宫者亦期于甲子年缮竣，而德宗景皇帝圣训一百四十五卷、国史德宗本纪一百三十七卷亦次第蒇事。先是，己酉开馆，总裁官副总裁官共十许人，纂修官四十人，至壬子重修，正副总裁仅五人，纂修二十一人，逮辛酉书成，总裁官与于经进之列者唯陈太傅及郭、宝二宫保。而陈太傅、宝宫保均以辛亥入馆，唯郭宫保自己酉开馆已任副总裁，始终秉笔者宫保一人而已。宫保在承平时历官与礼曹相终始，由庶吉士改礼部主事，洊跻至左侍郎，礼部废，又权掌典礼院，故最练于当代之典制。又直枢垣久，光绪一朝之事，巨细源委闻见最切，卒能勒成巨典，光我圣清，藏之金匮，副在宣室，功莫盛焉！昔有宋南渡，徽、钦二宗未有实录，高宗下诏纂修。徽录成于绍兴二十八年，钦录成于孝宗乾道四年，绵历三纪，始有成书。顷者，恭纂《德宗实录》，事颇与宋南渡相类，而具稿不过十稔，虽纂修诸臣之克共厥职，抑亦总其事者忠勤之效也，皇帝嘉修书之勤，授郭公太子少保，旋晋太子太保，风时锡赉与直内廷诸臣等，宫保亦夷险一节数十年如一日也。自壬癸以后，朝廷既谢政事，每元正圣节，旧臣趋朝行礼者，可屈指计，独宫保十余年来每朝会未尝不在列，三时赏赉未尝不亲拜赐也。甲子八月二十二日为宫保七十生辰，上赐御笔书画及采段等物以荣之，内廷同直诸人亦谋所以寿宫保者，而属国维辍其辞。国维识宫保晚，无以扬榷盛德，第粗述宫保载笔之勤，已足见其心事之纯，白精神之强，固自兹以往，将八十、九十，以至于期颐，永承恩泽，国维亦得弭笔以从诸老之后，效张志之善颂，抒吉甫之清风。宫保闻是言，其莞尔而酹一觞乎？

诰封中宪大夫海宁陈君暨妻邹太淑人合葬墓志铭

君讳镐，字子洛，浙江海宁州人。其先当宋南渡初，自汴迁于杭，世以医名。历廿七世，以至于君祖。田父宝华、生父宝荣并有潜德。君幼传家学，性尤孝友。弱冠逢寇乱，兄铉奉生母挈妻妹避乱赴衢州，君率妻妹奉嗣母避于近乡。君遇贼被掠，未几脱归，则母妹皆已赴水死，唯妻独存。乃求母妹骸骨藁葬之，即别妻子徒步走衢州，觅生母及兄妹。时粤寇未平，浙东、西诸县残破甚。君间关千里，至衢属之龙游山深林，密求母兄。问不可得，日痛哭山野间。一日，遇一村叟，询知为陈氏子，导至家出扇一，印章一示之，则兄名字具在。且令其子妇出拜，则固母婢也。因告以前年有陈氏母子三人主其家，不幸均以疫亡，指厝棺所示之。君哀恸几绝，乃负骨归龙游，人无不称陈孝子。君既归葬母兄于所居长安镇，时大乱初定，旋移居石门之洲钱镇，仍以医自给。君术既精，遇贫病者辄施医药，所全活甚众。性尤嗜书，手不释卷，读书临证所得辄笔记之。晚年病目，则令子守训笔录，积稿至尺许。

旋因子守谦官江西石城县知县，又调大庾，迎君就养。会南赣匪警，有劝君暂避者，君弗从，令守谦督兵出城防剿，而身居署，阳阳如平常。事毕，始归里。以子守谦官覃，恩封中宪大夫。宣统元年七月，卒于家，年七十有三。配邹氏，诰封太淑人，后君十一年卒，年八十有幺。子守训，候选州同，出为兄后。守谦，候选知府，江西石城县知县。女三人，孙二人，孙女三人。守谦将以甲子幺月葬君于长安镇幺幺之原。属其友王国维铭其墓铭曰：

昔称纯孝，黄子向坚。万里寻亲，十年生还。历载三百，丹青焕然。懿封君之笃行，知前修之匪艰。道崎岖于丧乱，身契苦于俭难。空山阒其少人，枯骨嘿其无言。卒微信于箑印，反千里之三棺。铭潜德于幽壤，庶万代而不刊。

罗君楚传

君楚名福苌，浙江上虞人。祖树勋，江苏候补县丞。父振玉，学部参事官。君楚幼而通敏，年十岁，能读父书。其于绝代语释，别国方言，强记县解，盖天授也。年未冠，既博通远西诸国文学，于法朗西、日耳曼语，所造尤深。继乃治东方诸国古文字学。当光绪之季，我国古文字古器物大出，其荦荦大者，若安阳之甲骨，敦煌塞上之简牍，莫高窟之卷轴。参事实始为之搜集、编类、考订、流通，有功于学问甚巨。而塞内外诸古国，若西夏，若突厥，若回鹘，远之若修利，若兜佉罗，若身毒，其文字器物，亦多出于我西北二垂，胥与我国闻相涉，而梵天文字，则又我李唐之旧学也。我老师宿儒，以文字之不同，瞠目束手，无如之何。唯君楚实首治梵文，又创通西夏文字之读，将以次有事于突厥、回鹘、修利诸文字。故海内二三巨儒，谓他日理董绝国方言，一如参事之理董国闻者，必君楚其人也。有唐之季，拓跋氏割据夏州，及宋初而滋大，拓地数千里，传世三百年，自制文字，行于其国，迄蒙古中叶，社稷虽墟，河西陇右，尚用其文字。然近世所传，不过二三金石刻，且举世莫能名焉。光绪末，俄人某于甘州古塔中，得西夏译经数簏，中有汉夏对译字书，名《掌中珠》者，君楚得其景本数叶，以读西夏石刻《感通塔记》，及法属河内所藏西夏文《法华经》残卷，旁通四达，遂通其读，成《西夏国书略说》一卷。嗣后元初所刊河西字藏经，又颇出于京师，君楚治之益力，撰《华严经·释文厶》卷未成。由是西夏文字，所识十逾八九矣。又尝从日本榊教授亮受梵文学，二年而升其堂，凡日本所传中土古梵学书，若梁真谛翻梵语，唐义净《梵唐千字文》以下若干种，一一为之叙录，奥博精审，簿录家所未有也。君楚体素弱，重以力学，年二十二而病。疡生于胸，仍岁不瘳，二十六而夭，时辛酉九月也。所著书多未就，以欧文记者，尤丛杂不可理。今可写定者，《梦轩琐录》三卷；即古梵学书序录，及攻梵语之作也；《西夏国书略说》一卷；宋史《西夏传》注一卷；译沙畹、伯希和二氏所注《摩尼教经》一卷；《古外国传记辑存》一卷；《大唐西域记》所载《伽蓝名目表》一卷；《敦煌古写经原跋录存》一卷；《伦敦博物馆敦煌书目》一卷；《巴黎图书馆敦煌书目》一卷。余初见君楚时，君楚方六七岁。盖亲见其自幼而少，而长，而劬学，而著书。君楚为学，有异闻必以语余，余亦时以所得告之。余作《西胡考》，君楚为余徵内典中故事。君楚所释《华严经》刻本，今于其殁后数月，始得考订为元初杭州所刊河西字《大藏经》之一，恨不得以语君楚，然则余亦安得复有闻于君楚耶？将突厥、回鹘、修利诸史料，不能及今世而理董耶？即异日有继君楚之业者，如君楚之高才力学，又岂易得也！君楚没，海内知参事及君楚者，无不痛惜。嘉兴沈乙庵先生与余言君楚，辄涕泗不能禁。然则君楚之死，其为学术之不幸何如也！君楚之葬也，沈先生为铭其墓。妻汪氏割臂以瘵君楚，寻以毁卒，余亦铭之。无子，有女子子一，卒之次年。弟福葆生子承祖，参事命为之后。余既哀君楚之亡，乃掇其学问之大要为之传，使后世知君楚不愧为参事子焉。

罗君楚妻汪孺人墓碣铭

孺人姓汪氏，讳寿保，江苏仪徵人。父昌颐，分省候补知县，母罗氏。孺人生而徇通，幼而淑慎。毁齿之岁，丧其怙恃，哀动行路，礼绝成人。舅氏上虞罗叔言参事，闵其孤露，迎致京邸。别肥泉而永叹，见渭阳而如存，贞惠之操，见于此矣。比长，参事爱其端淑，聘以为中子福苌君楚妇。参虚之出，仍俪晋襄；刘氏之孤，言归温峤，中表为婚，从故俗也。君楚博究方言，溺苦旧籍、劝学几死，贞疾弥年，孺人服勤无方，积忧成痗。辛酉之冬，遽同危惙，犹刲臂肉以瘵所天，旻穹不仁，琴瑟告彻，昼哭无时，水浆久绝。舅姑谕以礼制，勉从饘粥，犹躬朝夕之奠，不甘草木之滋，藐是孤生，终于灭性，皦日之信，匪石不回，指西海以为期，皋北辰而弗复。以壬戌正月二日卒，春秋二十有五，距君楚没未百日也。刲臂之初，都人交叹。闽县陈太傅（宝琛）入侍讲幄，从容上闻。帝有嘉焉，褒以御书“至情奇行”。其文凡四，昔宋公表女宗之里，秦皇筑怀清之台，方之于今，非云异数。其年六月，遣车南旋，将窆于江苏山阳县七里塘之原。参事贻书，索铭幽壤。夫思亲有《竹竿》之美，宜家备《桃夭》之德，事生迈《芣苢》之仁，之死同《柏舟》之节，风人所叹，异世同辙。宜刊玄石，式扬芳烈。其辞曰：

国有与立，曰纲曰维。谁其张之？罗氏之妻。奇节庸行，殊途同归。声闻于帝，帝曰汝嘉。天章焕烂，绰楔嵯峨。我铭此石，万代不磨。

王国维自述

第三编

序、跋与评论

《东洋史要》序[①]

同学山阴樊君炳清，译日本桑原骘藏君之《东洋史要》既成，刊有日矣。吾师藤田学士乃论述此书之大恉，而命国维书其端曰：

自近世历史为一科学，故事实之间不可无系统：抑无论何学，苟无系统之智识者，不可谓之科学。中国之所谓历史，殆无有系统者，不过集合社会中散见之事实，单可称史料而已，不得云历史。历史有二：有国史，有世界史。国史者，述关系于一国之事实；世界史者，述世界诸国历史上互相关系之事实：二者其界斠然，然其不可无系统则一也。抑古来西洋各国，自为一历史团体，以为今日西洋之文化。我东洋诸国，亦自为一历史团体，以为东方数千年来固有之文化。至二者相受相拒，有密接之关系，不过最近世事耳。故欲为完全之世界史。今日尚不能。于是大别世界史为东洋史、西洋史之二者，皆主研究历史上

① 此文作于1899年，见上海东文学堂排印本《东洋史要》（1900年）。

诸国相关系之事实，而与国史异其宗旨者也。又曩之所谓西洋史者，亦大抵不过西洋各国国史之集合者，不得称西洋史。其称东洋史、西洋史者，必自国史杂沓之事实中，取其影响及他国之事变，以说明现时之历史团体者也。抑我东方诸国相影响之事变，不胜枚举：如释迦生于印度，其教自支那、朝鲜入日本；汉以攘匈奴而通西域；唐之盛也，西逾葱岭，南庵有交趾支那，以与波斯、大食海陆相通；元之成吉思汗，兵威振于中亚，及西方亚细亚，至其子孙，席卷支那、朝鲜，馀势及于日本；又如日本之倭寇，及丰臣秀吉，其关系于朝鲜及明之兴亡者不少。然则东方诸国，所以有现时之社会状态者，皆一一有其所由然，不可不察也。故欲解释现时之社会状态，则研究东洋史其要也。

桑原君之为此书，于中国及塞外之事，多据中国正史；其印度及中央亚细亚之事，多采自西书。虽间有一二歧误，然简而赅，博而要，以视集合无系统之事实者，其高下得失，识者自能辨之。余尤愿读是书者，就历史上诸般之关系，以解释东方诸国现时之社会状态，使毋失为科学之研究，乃可贵耳。

光绪二十五年十一月，海宁王国维述。

《宋代金文著录表》序[①]

古器之出，盖无代而蔑有。隋唐以前，其出于郡国山川者，虽颇见于史，然以识之者寡，而记之者复不详，故其文之略存于今者，惟美阳、仲山父二鼎与秦权、莽量而已。赵宋以后，古器愈出，秘阁太常既多藏器，士大夫如刘原父、欧阳永叔辈，亦复搜罗古器，征求墨本，复有杨南仲辈为之考释，古文之学勃焉中兴。伯时与叔复图而释之，政宣之间，流风益煽，籀史所载著录金文之书至三十余家，南渡后诸家之书犹多不与焉，可谓盛矣。

今就诸书之存者论之，其别有三：与叔《考古》之图、宣和《博古》之录，既写其形，复摹其款，此一类也。啸堂《集录》、薛氏《法帖》，但以录文为主，不以图谱为名，此二类也。欧、赵金石之目，才甫《古器》之评，长睿《东观》之论，彦远《广川》之跋，虽无关图谱，而颇存名目，此三类也。国朝乾嘉以后，古文之学复

① 此文作于1914年，收入《观堂集林》卷六。

兴，辄鄙薄宋人之书，以为不屑道。窃谓《考古》、《博古》二图，摹写形制，考订名物，用力颇钜，所得亦多。乃至出土之地，藏器之家，苟有所知，元不毕记，后世著录家当奉为准则。至于考释文字，宋人亦有凿空之功，国朝阮、吴诸家不能出其范围；若其穿凿纰缪，诚若有可讥者，然亦国朝诸老之所不能免也。

今错综诸书，列为一表。器以类聚，名从主人，其有异同，分条于下，诸书所录古器有文字者，胥具于是。惟《博古》所图钱镜，《啸堂》所集古印，较近世所出，厥数甚尠，姑阙焉，以供省览之便云尔。至于厘订名称，是正文字，则非此表之所有事矣。甲寅五月。

《国朝金文著录表》序①

古器物及古文字之学，一盛于宋，而中衰于元明。我朝开国百年之间，海内承平，文化溥洽。乾隆初，始命儒臣录内府藏器，放《宣和博古图》为《西清古鉴》。海内士夫闻风承流，相与购致古器，搜集拓本。其集诸家器为专书者，则始于阮文达之《积古斋钟鼎彝器款识》，而莫富于吴子苾阁学之《攈古录金文》。其著录一家藏器者，则始于钱献之别驾之《十六长乐堂古器款识》，而讫于端忠敏之《陶斋吉金录》。著录之器，殆四倍于宋人焉。数十年来，古器滋出，其新出土者与以前散在人间未经著录者，又略得著录者之半。光绪间，宗室伯羲祭酒广搜墨本，拟续阮、吴诸家之书；时郁华阁金文拓本之富，号海内第一，然仅排比拓本，未及成书也。稍后，罗叔言参事亦从事于此，其所搜集者又较祭酒为多。辛亥国变后，祭酒遗书散出，所谓郁华阁金文者，亦归于参事。合两家之

① 此文作于1914年，收入《观堂集林》卷六。

藏，其富过于阮、吴诸家远甚；汰其重复，犹得二千通，可谓盛矣。

国维东渡后，时从参事问古文字之学，因得尽阅所藏拓本。参事属分别其已著录者与未著录者，将以次编类印行，又属通诸家之书，列为一表。自甲寅孟夏讫于仲秋，经涉五月，乃始毕事。书成，都六卷。长夏酷暑，墨本堆案，或一器而数名，或一文而数器，其间比勘一器，往往检书至十馀种，阅拓本至若干册，穷日之力，不过尽数十器而已。既具稿，复质之参事，略加检定。然著录之器，既以千计，拓本之数亦复准之，文字同异不过豪厘之间，摹拓先后又有工拙之别，虽再三复勘，期于无误，然复重遗漏，固自不免。庶竺古君子董而教之。甲寅八月。

《流沙坠简》序[①]

光绪戊申，英人斯坦因博士访古于我新疆甘肃，得汉晋木简千馀以归，法国沙畹博士为之考释。逾五年癸丑岁暮，乃印行于伦敦。未出版，沙氏即以手校之本寄上虞罗叔言参事。参事复与余重行考订。握椠逾月，粗具条理，乃略考简牍出土之地，并诸篇首，以谂读是书者。

案，古简所出，厥地凡三：一为敦煌迤北之长城，二为罗布淖尔北之古城，其三则和阗东北之尼雅城及马咱托拉拔拉、滑史德三地也。敦煌所出，皆两汉之物。出罗布淖尔北者，其物大抵上自魏末，讫于前凉。其出和阗旁三地者，都不过二十馀简，又皆无年代可考，然其最古者犹当为后汉遗物，其近者亦当在隋唐之际也。今略考诸地古代之情状，而阙其不可知者，世之君子以鉴观焉。

汉代简牍出于敦煌之北，其地当北纬四十度，自东经（据英国固林威志经度）九十三度十分至九十五度二十分之

① 此文作于1914年，收入《观堂集林》卷十七。

间。出土之地，东西绵亘一度有馀。斯氏以此为汉之长城，其说是也。案，秦之长城，西迄临洮，及汉武帝时，匈奴浑邪王降，汉以其地为武威、酒泉郡。（元狩三年）后又分置张掖、敦煌郡，（元鼎六年）始筑令居以西，列四郡，据两关焉。此汉代筑事之见于史者，不言其讫于何地也。其见于后人纪载者，则法显《佛国记》云，敦煌有塞，东西可八十里，南北四十里。《晋书·凉武昭王传》云，玄盛乃修敦煌旧塞东西二围，（东西疑东北之讹）以防北虏之患，筑敦煌旧塞西南二围，以威南虏。案唐《沙州图经》，则沙州有古塞城、古长城二址。塞城周回州境，东在城东四十五里，西在城西十五星，南在州城南七里，北在州城北五里。古长城则在州北六十六里，东至阶亭烽一百八十里，入瓜州常乐县界，西至曲泽烽二百一十二里，正西入碛，接石城界云云。李暠所修，有东西南北四围，当即《图经》之古塞城。法显所见，仅有纵横二围，其东西行者，或即《图经》之古长城，而里数颇短；盖城在晋末，当已颓废，而《图经》所纪东西三百里者，则穷其废址者也。此城遗址，《图经》谓在州北六十三里，今木简出土之地，正直其所，实唐沙州，《图经》所谓古长城也。前汉时敦煌郡所置三都尉，皆治其所；都尉之下，又各置候官。由西而东，则首玉门都尉下之大煎都候官、玉门候官，（皆在汉龙勒县境）次则中部都尉所属平望候官、步广候官。（汉敦煌县境）又东则宜禾都尉所属各候官。（汉效谷、广至二县境。以上说均见本书《屯戍丛残·烽燧类考释》中及《附录·烽燧图表》）。又东入酒泉郡，则有酒泉西部都尉所治之西部障，北部都尉所治之偃泉障。又东北入张掖郡，则有张掖都尉所治之遮虏障。疑皆沿长城置之。今日酒泉、张掖以北，长城遗址之有无，虽不可知，然以当日之建置言之，固宜如是也。今斯氏所探得者，敦煌迤北之长城，当《汉志》敦煌、龙勒二县之北境，尚未东及广至界。汉时简牍即出于此，实汉时屯戍之所，又由中原通西域之孔道也。

长城之说既定，玉门关之方位亦可由此决。玉门一关，《汉志》系于敦煌郡龙勒县下。嗣是《续汉书郡国志》及《括地志》、《元和郡县志》、两《唐书·地理志》、《太平寰宇记》、《舆地广记》，以至近代官私著述，亦皆谓汉之玉门关在今敦煌西北。惟《史记·大宛列传》云：太初二年，贰师将军李广利伐大宛，还至敦煌，请罢兵，“益发而复往。天子闻之大怒，而使使遮玉门曰：军有敢入者辄斩之！贰师恐，因留敦煌。”沙畹博士据此，以为太初二年前之玉门关，尚在敦煌之东，其徙敦煌西北，则为后日之事。其说是也。案，《汉志》酒泉郡有玉门县，颜师古注引阚骃《十三州志》，谓汉罢玉门关屯，徙其人于此。余疑玉门一县，正当酒泉出敦煌之孔道，太初以前之玉门关，当置于此。阚骃徙屯之说，未必确也。嗣后关城虽徙，而县名尚仍其故，虽中更废置，讫于今日，尚名玉门。故古人有误以玉门县为玉门关者，后晋高居诲《使于阗记》云，至肃州后渡金河，西百里出天门关，又西百里出玉门关。高氏所谓玉门关，实即自汉讫今之玉门县也。（唐之玉门军亦置于此，而玉门关则移于瓜州境。《元和郡县志》云，玉门关在瓜州晋昌县西二里，而以在寿昌县西北者为玉门故关，则唐之玉门关复徙而东矣。）汉时西徙之关，则《括地志》始记其距龙勒之方向道里曰，玉门关在县（汉之龙勒，在唐为寿昌县）西北一百十八里。（《史记·大宛传·正义》引。）《旧唐书·地理志》、《元和志》、《寰宇记》、《舆地广记》，均袭其文。近秀水陶氏《辛卯侍行记》，记汉玉门阳关道路，谓自敦煌西北行六十里之大方盘城，为汉玉门关故地。又谓其西七十里有地名西湖，有边墙遗址及烽墩数十所。斯氏亦于此发见关城二所：一在东经九十四度以西之小盐湖，一在东经九十三度三十分。相距二十馀分，与大方盘城及西湖相去七十里之说相近。然则当九十四度稍西者，殆即陶记之大方盘城；当九十三度三十分者，殆即陶氏所谓西瑚耶？沙畹博士疑九十四度稍西之废址，为太初以前之玉门关，而在其西者，乃其后徙处。余谓太初以前玉门关，当在酒泉郡玉门县，如在东经九十四度、北纬四十度间，则仍在敦煌西北，与《史记·大宛传》文不合。而太初以后之玉门关，以《括地志》所记方位道里言之，则在唐寿昌县西北百一十八里。今自敦煌西南行一百四十里，有巴彦布喇汎，陶氏以为唐寿昌县故址。自此西北百一十八里，讫于故塞，则适在东经九十四度、北纬四十度之交，则当九十四度稍西之废址，实为太初以后之玉门关；而当九十三度三十分者，当为玉门以西之他障塞。盖汉武伐大宛后，西至盐泽，往往起亭。又据《沙州图经》，则古长城遗址且西入碛中，则玉门以西，亦当为汉时屯戍之所，未足据以为关城之证也。故博士二说之中，余取其一；但其地为《汉志》龙勒县之玉门关，而非《史记·大宛传》之玉门，则可信也。其西徙之年，史书不纪；今据斯氏所得木简，则有武帝大始三年玉门都尉护众文书，（《屯戍丛残》第一叶）其时关城当已西徙于此，上距太初二年不过十载。是其西徙必在李广利克大宛之后，（太初四年）西起亭至盐泽之时也。又汉及新莽时玉门都尉所有版籍，皆出于此，可为《汉志》玉门关之铁证，不独与古书所记一一吻合而已。

至魏晋木简残纸，则出于罗布淖尔涸泽北之古城稍西，于东经九十度、当北纬四十度三十一分之地。光绪庚子，俄人希亭始至此地，颇获古书。后德人喀尔亨利及孔拉第二氏，据其所得遗书，定此城为古楼兰之虚。沙畹博士考证斯坦因博士所得遗物，亦从其说。余由斯氏所得简牍及日本橘瑞超氏于此所得之西域长史李柏二书，知此地决非古楼兰。其地当前凉之世，实名海头。而《汉书·西域传》及《魏略·西戎传》之居庐仓、《水经·河水注》之龙城，皆是地也。何以知其非古楼兰也？曰：斯氏所得简牍中，其中言楼兰者凡三。一曰："帐下督薛明言，谨案文书前至楼兰囗还守堤兵。"（本书《屯戍丛残》第三叶）此为本地部将奉使至楼兰后所上之文书，盖不待言。其二曰："八月廿八日，楼兰白，疏恽惶恐白。"（本书《简牍遗文》第四叶）其三曰："楼兰口白。"（同上。）而细观他书疏之例，则或云："十月四日，具书焉耆元顿首。"（同上。）或云："敦煌具书畔毗再拜。"（同上，第五叶。）皆于姓名前著具书之地。以此推之，则所云"楼兰白，疏恽惶恐白"者，必为自楼兰所致之疏。其书既自楼兰来，则所抵之地不得为楼兰矣。此遗物中之一确证也。更求之地理上之证据，亦正不乏。《水经·河水注》云：河水东迳墨山国南，又东迳注宾城南，又东迳楼兰城而东注，河水又东迳于泑泽，即经所谓蒲昌海也，云云。案，河水者，今之宽车河或塔里木河；泑泽与蒲昌诲者，今之罗布淖尔也，则楼兰一城，当在塔里木河入罗布淖尔处之西北，亦即在淖尔西北隅。此城则在淖尔东北隅，此其不合者一也。古楼兰国，自昭帝元凤四年徙居罗布淖尔西南之鄯善后，国号虽改，而城名尚存。《后汉书·班勇传》：议遣西域长史将五百人屯楼兰，西当焉耆、龟兹径路，南强鄯善、于阗心胆，北扞匈奴，东近敦煌。《杨终传》亦言远屯伊吾、楼兰、车师、戊己，《魏略》言过龙堆到故楼兰，皆谓罗布淖尔西北之楼兰城。故东方人之呼淖尔也，曰泑泽，曰牢兰海。《水经·河水注》引《释氏西域记》，南河自于阗于东北三千里至鄯善入牢兰海是也。古"牢"、"楼"同音，《士丧礼》牢中，郑注，"牢"读为"楼"。盖自西方来，必先经楼兰城而后至罗布淖尔，故名此淖尔曰牢兰海。（《史记正义》引《括地志》作"穿兰海"，字之误也。）此又楼兰在淖尔西北之一证。此其不合二也。故曰。希、斯二氏所发见淖尔东北之古城，决非古楼兰也。

然则其名可得而言之欤？曰：由橘氏所得李柏二书观之，此地当前凉之世，实名海头。李书二纸，其中所言之事同，所署之月日同，所遣之使者同，实一书之二草稿。可决其为此城中历书，而非来自他处者也。其一书曰：“今奉台使来西，月二日到此。”“此”字旁注“海头”二字。其二曰：“诏家见遣使来慰劳诸国，月二日来到海头。”或云“此”，或云“海头”，则此地在前凉时固名海头。海头之名，诸史未见，当以居蒲昌海东头得名，未必古有此称也。求古籍中与此城相当之地，惟《水经》之龙城，足当之。《水经·河水注》：蒲昌海水积鄯善之西北，龙城之东南。龙城，故姜赖之墟，胡之大国也。蒲昌海溢，盪覆其国，城基尚存而至大，晨发西门，莫达东门云云。其言颇夸大难信，然其所记龙城方位，正与此城相合。又据其所云姜赖之墟，（郦注此事，本《凉州异物志》。《太平御览》八百六十五引《异物志》云：姜赖之虚，今称龙城。恒溪无道以感天廷，上帝震怒，溢海盪倾，刚卤千里，蒺藜之形，其下有盐，累棋而生。原注：姜赖，胡国名也。郦注隐括其事）可以知此城汉时之名焉。案各史《西域传》，绝不闻有姜赖国。惟汉魏时，由玉门出蒲昌海孔道以达楼兰、龟兹，中间有居庐仓一地。“姜”、“居”、“赖”、“庐”，皆一声之转。准以地望，亦无不合。何以言之？《汉书·西域传》：乌孙、乌就屠袭杀狂王，自立为昆弥。汉遣破羌将军辛武贤将兵万五千人至敦煌，遣使者案行表，穿卑鞮侯井以西，欲通渠转谷，积居庐仓以讨之。孟康曰：卑鞮侯井，大井六通渠也，下流涌出，在白龙堆乐土山下。夫井之下流在白龙堆东，而居庐仓则在井西，其地望正与此城合。《魏略·西戎传》（《魏志·乌丸传》注引）云：从玉门关西出，发都护井，（此都护井当即《汉志》之卑鞮侯井）回三陇沙北头，经居庐仓，从沙西井转西北过龙堆，到故楼兰，转西诣龟兹，为西域中道。案今敦煌塞外大沙碛，古人或总称之曰白龙堆，（《汉书·地理志》敦煌郡下云，正西关外有白龙堆沙。《西域传》云，楼兰当白龙堆。孟康言，卑鞮侯井在白龙堆东土山下，是敦煌以西、楼兰以东之沙碛，皆谓之白龙堆也）或总名之曰三陇沙。（《广志》流沙在玉门关外东西二千里、南北数百里，有断石，曰三陇，则似以三陇沙为沙碛总名也。）而《魏略》之文殊为分晓，其在东南者谓之曰三陇沙，而在西北者则专有白龙堆之名。今此城适在大沙碛之中间，又当玉门、楼兰间之孔道，与《魏略》之居庐仓地望正合，则其为汉之居庐仓无疑。又观《魏略》、《水经注》所纪蒲昌海北岸之地，仅有二城。其在西者，二书均谓之楼兰；则其在东者，舍居庐、姜赖将奚属矣？然则此城之称，曰居庐，曰姜赖，乃汉时之旧名；曰海头，则魏晋以后之新名；而龙城，则又西域人所呼之异名也。（《水经注》所纪出《凉州异物志》，疑亦用《释氏西域记》。观“晨发西门，莫达东门”二语，可知为西方人所记，即令为《异物志》

语，恐亦本之西域贾胡也。）

此地自魏晋以后为西域长史治所，亦有数证。橘氏所得李柏二书，既明示此事。斯氏于此所得简牍中，有书函之检署，曰："因王督致西域长史张君坐前，元言疏。"（《简牍遗文》第一叶）又有出纳簿书，上署："□西域长史文书事□中阙□。"（《屯戌丛残》第十一叶）一为抵长史之书，一则著长史之属，则西域长史曾驻此地，盖无可疑。此二简皆无年月，不能定其为魏晋及前凉之物，然参伍考之，则魏晋间已置西域长史于此，不自前凉始矣。案《后汉书·西域传》，西域长史实屯柳中，以行都护之事。（后汉之初亦放西京之制，以都护统西域，未几而罢。后班超以将兵长史平定西域，遂为都护，未几，复罢。嗣是索班以行敦煌长史，出屯伊吾。索班没后，班勇建议遣西域长史屯楼兰。延光三年卒，以勇为西域长史，出屯柳中，不复置都护。自是长史遂摄行都护事矣。）故《汉书》纪西域诸国道里，以都护治所乌垒城为据；而《后汉书》所纪，则以长史所治柳中为据。逮汉末中原多事，不遑远略，敦煌旷无太守且二十载。（《魏志·仓慈传》）则柳中之屯与长史之官，必废于是时矣。魏黄初元年，始置凉州刺史，（《张既传》）并以尹奉为敦煌太守。（《阎温传》）三年，鄯善、龟兹、于阗各遣使贡献，西域遂通。置戊己校尉，（《文帝纪》）以行敦煌长史张恭为之。（《阎温传》）而西域长史之置，不见于

《纪》、《传》，惟《仓慈传》言慈太和中迁敦煌太守，数年卒官。西域诸胡闻慈死，共会聚于戊己校尉及长吏治下发哀。“长吏”二字，语颇含混。后汉以来，西域除西域长史戊己校尉外，别无他长吏，魏当仍之，则“长吏”二字，必“长史”之讹也。又据斯氏所得一简云：“西域长史承移今初除，月廿三日当上道，从上邽至天水。”以简中所记地名考之，实为自魏至晋太康七年间之物。（见《屯戍丛残考释》）恐西域长史一官，自黄初以来，即与戊己校尉同置。惟其所治之地，不远屯柳中，而近据海头。盖魏晋间中国威力已不如两汉盛时，故近治海头，与边郡相依倚。此又时势所必然者矣。至前凉时，西域长史之官，始见于史。（《晋书·张骏传》）而《魏书·张骏传》则又称为西域都护，《传》言骏分敦煌、晋昌、高昌三郡，西域都护、戊己校尉、玉门大护军三营为沙州，以西胡校尉杨宣为刺史。（《晋书·地理志》亦引此文，错乱不可读。）案，张骏时，西域有长史，无都护；“都护”二字必“长史”之误，或以其职掌相同而互称之。（《晋书》刘曜载记，曜使其大鸿胪田崧署张茂为凉州牧，领西域大都护，护氐羌校尉、凉王，则西域大都护，乃凉州牧兼官，犹后此凉州牧之恒领西胡校尉也。）斯氏于此地所得一简云：“今遣大侯究犁与牛诣营下受试。”（《屯戍丛残》第三叶）称长史所居为营下。又斯氏于尼雅北古城所得木简，有“西域长史营写鸿胪书”语，（本书《补遗》）此又《魏书·张骏传》之三营，其一当为西域长史之证也。此三营者，戊己校尉屯高昌，（《晋书》

张骏书，初戊己校尉赵贞不附于骏，至是骏击禽之，以其地为高昌郡）玉门大护军屯玉门，而西域长史则屯海头，以成鼎足之势；则自魏晋讫凉，海头为西域重地，盖不待言。张氏以后，吕光、李暠及沮渠家逊父子迭有其地。后魏真君之际，沮渠无讳兄弟南并鄯善，北取高昌，此城居二国之间，犹当为一重镇。逮魏灭鄯善、蠕蠕，据高昌，沮渠氏亡，此城当由是荒废。作《凉州异物志》者，乃有"海水溢覆"之说，而郦氏注《水经》用之。顾周隋以前，碛道未闭，往来西域者尚取道于此，故郦氏犹能言其大略。然倘非希、斯诸氏之探索，殆不能知为古代西域之重地矣。

其馀木简，出于和阗所属尼雅城北及马咱托拉拔拉、滑史德三地者，其数颇少。尼雅废墟，斯氏以为古之精绝国。案今官书，尼雅距和阗七百十里，与《汉书·西域传》、《水经·河水注》所纪精绝去于阗道里数合，而与所纪他国去于阗之方向道里皆不合，则斯氏说是也。《后汉书·西域传》言光武时，莎车王贤诛灭诸国。贤死（明帝永平四年）之后，遂更相攻伐，小宛、精绝、戎卢且末为鄯善所并。故范书无精绝国传。今尼雅所出木简十馀，隶书精妙，似汉末人书迹，必在永平以后。所署之人，曰王，曰大王，曰且末夫人，（盖且末王女为精绝王夫人者）盖后汉中叶以后，且末、精绝仍离鄯善而自立也。

考释既竟，序其出土之地并其关于史事之荦荦大者如右。其戍役情状与言制度名物者，并具考释中，兹不赘云。甲寅正月。

《流沙坠简》后序[①]

余与罗叔言参事考释《流沙坠简》，属稿于癸丑岁杪。及甲寅正月，粗具梗概。二月以后，从事写定，始得读斯坦因博士纪行之书，乃知沙氏书中每简首所加符号，皆纪其出土之地。其次自西而东，自敦一、敦二讫于敦三十四，大抵具斯氏图中。思欲加入考释中，而写定已过半矣，乃为图一、表一，列烽燧之次及其所出诸简，附于书后，并举其要如次。

《前序》考定汉简出土之地，仅举汉长城及玉门关二事，又释中所定候官、烽燧次第，全据简文。今据其所出之地，知前由文字所考定者，虽十得七八。今由各地所出之简以定其地之名，有可补正前考者若干事。

一、《汉志》效谷县及鱼泽障之故址也。效谷故城，自来无考。《大清一统志》云：效谷、龙勒故城，俱在沙州卫西。《西域图志》亦云：今日敦煌县西，逾党河，旧

---

① 此文作于1914年，收入《观堂集林》卷十七。

城基址，不一而足，效谷、龙勒诸城遗址，疑于是乎在。近宜都杨氏《汉书地理志图》，亦图效谷于敦煌之西、龙勒之东。惟唐写本《沙州图经》，载古效谷城在州（唐沙州即今敦煌县）东北三十里，是汉时效谷县云云。案《汉志》，效谷县，本鱼泽障。（今本此上有“师古曰”三字，然下引桑钦记，实系班氏自注，胡朏明已驳正之，是也。）今木简中虽不见效谷县，然鱼泽之名凡两见。其一云：“入西蒲书一吏马行，鱼泽尉印，十三日起诣府。永平十八年正月十四日日下餔时，扬威卒□□受□□卒赵□。”（卷二《簿书类》第六十一简）此简出于敦二十八，其地在前汉为步广候官，在新莽及后汉为万岁扬威燧。简中所谓府者，谓敦煌太守或都尉府。（前汉敦煌郡置宜禾、中部、玉门、阳关西都尉，后汉惟置敦煌都尉，故鱼泽障在前汉本属宜禾都尉，至后汉则属敦煌都尉也。）太守、都尉，皆治敦煌。自鱼泽诣敦煌之书，经过敦二十八，而曰“入西蒲书”，则鱼泽必在敦二十八（即步广）之东。又一简云：“宜禾郡（简中都尉所治亦谓之郡）烽第，广汉第一，美稷第二，昆仑第三，鱼泽第四，宜禾第五。”（卷二《烽燧类》第七简。）此自东而西之次第。（见《考释》）他简云：“万岁扬威燧长许玄受宜禾临介卒张均。”（同上，第十简。）又云：“万岁扬威燧长石伋受宜禾临介卒赵时。”（同上，第十一简。）此皆记受书簿录，而宜禾临介卒之书，传至万岁扬威燧，则万岁之东，必为宜禾。宜禾之东，乃为鱼泽。今据斯氏图，则敦二十八一地（即前汉步广，后汉万岁）已远在敦煌东北。如效谷县即鱼泽障，当在敦煌东北百里馀，则《一统志》诸说固非，即《沙州图经》以沙州东北三十里之古城为效谷城，亦未为得也。今据诸简及《汉志》，知中部都尉所辖障塞在汉敦煌县境。其东则效谷县境，其障塞为宜禾，为鱼泽。又东则广至县境，其障塞为昆仑，为美稷，为广汉。皆宜禾都尉所辖。此敦煌以东诸地之可考者也。

二、汉敦煌郡中部、玉门二都尉及四候官之治所也。前考言敦煌中部都尉下二候官，东为万岁，西为步广。今知“莫宿步广”（《烽燧类》第二简）与“步广烽”（同上，第八简）两简，均出于敦二十八，而“万岁候造史”（同上，第一简）一简，则出于敦二十七，二地相距至近，乃知步广、万岁，乃一候官之异名。而“万岁候造史”一简，中有“间田”二字，乃王莽时物，则改步广候官为万岁。当属王莽时事也。至中部都尉下之弟二侯官，实为平望。据《器物类》第一及二十三两简，则平望青堆燧即敦二十二乙，平望朱爵燧即敦十九，则敦二十二乙与敦十九之间，自为平望辖境。而敦二十二甲所出一简，有“候官谨□亭”等语，（《烽燧类一》第六简）又《簿书类》弟五十九简亦出于敦二十二乙，其文曰：“入西书二封，其一中部司马□平望候官。”“官”字，前不能确定为何字，后更审谛，确系官字。此二简皆平望本有候官之证。又中部司马抵平望候官之书，经过敦二十二乙，而谓之入西书，则候官治所自在敦二十二乙之西，或即敦二十二甲（斯氏书中有此名，而图中无此地）矣。此中部都尉下二候官之可考者也。至玉门都尉下二候官，初疑玉门候官当与都尉同治，然都尉治敦十四，而其旁敦十五甲一地所出木简颇多，自系当时重地。沙氏释文第四百五十八简（此简沙氏书中未景印）亦出于此。其文曰“玉门候官”，则其地为玉门候官治所无疑。至都尉所属大煎都候官，则据《簿书类》第六简云，“敦煌玉门都尉子光丞□年谓大煎都候”云云。此都尉告候官之书，出于敦六乙，即凌胡燧，则大煎都候官当治凌胡燧矣。此玉门都尉下二候官之可考者也。

三、各烽燧之次弟也。顾由各烽燧所出之简以定其地之名，有当审慎者二：异地致书，自署地名，一也；记事之中，偶涉他地，二也。惟器物之楬所署之地，则以本地之物署本地之名，更无疑义。今以此求之，则自东徂西：首利汉燧，为斯氏图中敦三十四之地；次万岁显武燧，即敦二十六之地；而万岁扬威燧之即敦二十七；吞胡燧之即敦二十八；（中部都尉治此）可由是决之矣。次平望青堆燧即敦二十二乙之地，次平望朱爵燧即敦十九之地，次玉门即敦十四，次玉门候官下所属诸燧，当谷即敦十三。广新即敦十二，显明即敦八，又次则大煎都候官下属诸燧，凌胡燧即敦六乙，厌胡燧即敦六丙，（以下均据《器物类》诸简所出地）而广武之为敦五，步昌之为敦六甲，广昌之为敦六丁，亦可由是决之矣。由是沙漠中之废址，骤得而呼其名；断简上之空名，亦得而指其地。较前此凭空文考定者，依据灼然，故已著其事于表，复会其要最于编首，览者详焉。甲寅三月。

《殷虚书契考释》后序[①]

余为商遗先生书《殷虚（书契）考释》竟，作而叹曰：此三百年来小学之一结束也！夫先生之于书契文字，其搜集流通之功，盖不在考释下。即以考释言，其有功于经史诸学者盖不让于小学。以小学言，其有功于篆文者亦不让于古文。然以考释之根柢在文字，书契之文字为古文，故姑就古文言之。

我朝学术所以超绝前代者，小学而已。顺康之间，昆山顾亭林先生实始为《说文》、音韵之学。《说文》之学至金坛段氏而洞其奥；古韵之学经江、戴诸氏至曲阜孔氏、高邮王氏而尽其微。而王氏父子与栖霞郝氏复运用之，于是诂训之学大明。使世无所谓古文者，谓小学至此观止焉可矣。古文之学萌芽于乾嘉之际，其时大师宿儒或殂谢，或笃老，未遑从事斯业。仪征一书亦第祖述宋人，略加铨次而已。而俗儒鄙夫不通字例、未习旧艺者，辄以古文所托者高，知之者

① 此文作于1914年，收入《观堂集林》卷二十三。

鲜，利荆棘之未开，谓鬼魅之易画，遂乃肆其私臆，无所忌惮。至庄葆琛、龚定庵、陈颂南之徒，而古文之厄极矣！近惟瑞安孙氏颇守矩矱，吴县吴氏独具县解。顾未有创通条例，开发奥窔，如段君之于《说文》，戴、段、王、郝诸君之于声音训诂者。余尝恨以段君之邃于文字，而不及多见古文；以吴君之才识不后于段君，而累于一官，不获如段君之优游寿考以竟其学；遂使我朝古文之学不能与诂训、《说文》、古韵三者方驾，岂不惜哉？

先生早岁即治文字故训，继乃博综群籍，多识古器，其才与识固段吴二君之俦。至于从容问学，厌饫坟典，则吴君之所有志而未逮者也。而此书契文字者又段、吴二君之所不及见也。物既需人，人亦需物。书契之出，适当先生之世，天其欲昌我朝古文之学，使与诂训、《说文》、古韵匹，抑又可知也。余从先生游久，时时得闻绪论，比草此书，又承写官之乏，颇得窥知大体，扬榷细目。窃叹先生此书，诠释文字，恒得之于意言之表，丽根源脉络一一可寻，其择思也至审，而收效也至宏，盖于此事自有神诣。至于分别部目，创立义例，使后人治古文者于此得其指归，而治《说文》之学者亦不能不探源于此。窃谓我朝三百年之小学，开之者顾先生，而成之者先生也。昔顾先生音学书成，山阳张力臣为之校写。余今者亦得写先生之书，作书拙劣，何敢方力臣；而先生之书足以弥缝旧阙，津逮来学者，固不在顾书下也。甲寅冬。

《殷卜辞中所见先公先王考》序[①]

甲寅岁暮，上虞罗叔言参事撰《殷虚书契考释》，始于卜辞中发见王亥之名。嗣余读《山海经》、《竹书纪年》，乃知王亥为殷之先公，并与《世本·作篇》之胲、《帝系篇》之核、《楚辞·天问》之该、《吕氏春秋》之王冰、《史记·殷本纪》及《三代世表》之振、《汉书·古今人表》之垓，实系一人。尝以此语参事及日本内藤博士（虎次郎）。参事复博搜甲骨中之纪王亥事者，得七八条，载之《殷虚书契后编》。博士亦采余说，旁加考证，作《王亥》一篇，载诸《艺文杂志》。并谓自契以降诸先公之名，苟后此尚得于卜辞中发见之，则有裨于古史学者当尤钜。

余感博士言，乃复就卜辞有所攻究，复于王亥之外得王恒一人。案，《楚辞·天问》云："该秉季德，厥父是臧。"又云："恒秉季德。"王亥即该，则王恒即恒，而

① 此文作于1917年，收入《观堂集林》卷九。

卜辞之季之即冥。（罗参事说）至是，始得其证矣。又观卜辞中数十见之田字，从甲在口中（十，古甲字），及通观诸卜辞，而知田即上甲微。于是参事前疑卜辞之匚乙匚丙匚丁（即乙、丙、丁三字之在匚中或コ中者，与田字甲在口中同意），即报乙、报丙、报丁者，至是亦得其证矣。又卜辞自上甲以降，皆称曰示，则参事谓卜辞之示壬、示癸，即主壬、主癸，亦信而有徵。又观卜辞；王恒之祀与王亥同，太丁之祀与太乙、太甲同，孝己之祀与祖庚同，知商人兄弟，无论长幼与已立未立、其名号、典礼盖无差别。于是卜辞中人物，其名与礼皆类先王而史无其人者，与夫父甲兄乙等名称之浩繁求诸帝系而不可通者，至是亦理顺冰释，而《世本》、《史记》之为实录，且得于今日证之。又卜辞人名中有夒字，疑即帝喾之名。又有土字，或亦相土之略。此二事虽未能遽定，然容有证明之日。由是有商一代先公先王之名，不见于卜辞者殆鲜。乃为此考以质诸博士及参事，并使世人知殷虚遗物之有裨于经、史二学者，如斯也。丁巳二月。

《周代金石文韵读》序[①]

自汉以后，学术之盛，莫过于近三百年。此三百年中，经学、史学皆足以陵驾前代，然其尤卓绝者，则曰小学。小学之中，如高邮王氏、栖霞郝氏之于训故，歙县程氏之于名物，金坛段氏之于《说文》，皆足以上掩前哲。然其尤卓绝者，则为韵学。古韵之学，自昆山顾氏而婺源江氏，而休宁戴氏，而金坛段氏，而曲阜孔氏，而高邮王氏，而歙县江氏，作者不过七人，然古音廿二部之目，遂令后世无可增损。故训故、名物、文字之学，有待于将来者甚多，至古韵之学，谓之前无古人、后无来者可也。原斯学所以能完密至此者，以其材料不过群经诸子及汉魏有韵之文，其方法则因乎古人用韵之自然，而不容以后说私意参乎其间；其道至简，而其事有涯，以至简入有涯，故不数传，而遂臻其极也。

余读诸家韵书，窃叹言韵至王、江二氏已无遗憾。惟

---

① 此文作于1917年，收入《观堂集林》卷八。

音分阴、阳二类，当从戴、孔；而阳类有平无上去入，段氏《六书音韵表》已微及之。前哲所言，既已包举靡遗，故不复有所论述。惟昔人于有周一代韵文，除群经、诸子、楚辞外，所见无多，余更搜其见金石刻者，得四十馀篇。其时代则自宗周以讫战国之初，其国别如杞、邻、邾、娄、徐、许等，并出国风十五之外，然求其用韵，与三百篇无乎不合。故即王、江二家部目，谱而读之，非徒补诸家古韵书之所未详，亦以证国朝古韵之学之精确无以易也。丁已八月。

《古本竹书纪年辑校》自序[1]

汲冢《竹书纪年》，佚于两宋之际。今本二卷，乃后人搜辑，复杂采《史记》、《通鉴外纪》、《路史》诸书成之，非汲冢原书。然以世无别本，故三百年来学人治之甚勤，而临海洪氏颐煊、栖霞郝氏懿行、闽县林氏春溥三校本，尤为雅驯。最后嘉定朱氏右曾，复专辑古书所引纪年，为《汲冢纪年存真》二卷。顾其书传世颇希，余前在上虞罗氏大云书库假读之，独犁然有当于心。丁巳二月，余既作《殷先公先王考》毕，思治此书，乃取今本《纪年》一一条其出处，注于书眉。既又假得朱氏辑本，病其尚未详备，又所出诸书异同，亦未尽列，至其去取，亦不能无得失，乃取朱书为本，而以余所校注者补正之。凡增删改正若干事，至于余读此书有所考证，当别为札记，将继是而写定焉。

① 此文作于1917年，收入《观堂别集》卷四。

《今本竹书纪年疏证》自序[①]

昔元和惠定宇征君作《古文尚书考》，始取伪《古文尚书》之事实文句一一疏其所出，而梅书之伪益明。仁和孙颐谷侍御复用其法作《孔子家语疏证》，吾乡陈仲鱼孝廉序之曰：是犹捕盗者之获得真赃。诚哉，是言也。

余治《竹书纪年》，既成《古本辑校》一卷，复怪今本《纪年》为后人搜辑，其迹甚著。乃近三百年学者，疑之者固多，信之者亦且过半。乃复用惠、孙二家法，一一求其所出。始知今本所载，殆无一不袭他书；其不见他书者，不过百分之一，又率空洞无事实，所增加者年月而已。且其所出，本非一源，古今杂陈，矛盾斯起，既有远异，乃生调停纷纠之因，皆可剖析。夫事实既具他书，则此书为无用；年月又多杜撰，则其说为无征，无用无征，则废此书可，又此疏证者，亦不作可也。然余惧后世复有陈逢衡辈为是纷纷也，故理而写之，俾与古本辑校并行焉。丁巳孟夏。

① 此文作于1917年，收入《观堂别集》卷四。

乐庵《写书图》序

余昔览元、明以来写本书时，时得佳处，而舛误夺落，乃比坊肆劣刻为甚。既而见六朝、唐人所写书，其佳处尤迥出诸刊本写本上，而舛误夺落，则与元、明以来写本无异。盖古代写书，多出书手，其为学士大夫手钞如郑灼之《礼记义疏》者，百不一见也。士大夫写书之风，开于明之中叶。吴中吴原博、朱性父、姚舜咨、钱叔宝诸老，始兢为之。至国朝诸家，则校雠之功，多于迻录，乾、嘉以后，兹事几绝。独归安严悔庵居士，笃嗜旧椠，兼精校勘，尤以写书名天下。其所手写书，若宋刊《吕成公书说》、魏华父《仪礼要义》、洪景卢《夷坚志》，元刊张元德《春秋集传旧钞》、苏明允《太常因革礼》，皆庞然巨帙。《仪礼要义》后为顾千里借失，至经再写。综计前后所写书，逾三四百卷，盖士大夫之写书，未有多于居士者也。居士《夷坚志》写本，后归湘潭某氏者，余曾见之京师，略具宋本行款而已。而明季以来，世尤重影写本，其出钱遵王、毛子晋家者，特为精绝。顾皆成于写官，亦不能无误，盖书莫善于手钞，又莫精于景写。二者自古未尝得兼，今乃于吾友蒋君乐庵见之。乐庵富收藏，精赏鉴。其藏书之所，曰密韵楼者，余尝过而览焉，其美富远出严氏芳茅堂上，殆与汲古、述古抗衡矣。既又观其手影《魏鹤山大全集》一百十卷，则又张目哆唇，舌挢而不得下。盖海内藏书家如乐庵者，屈指计之，尚可得四五，至于手模宋本至百馀卷之多，非独今所难能，抑亦古所未有也！且今之世，又不能与昔比，苕华其黄，瞻乌靡止，世之号为才智者，皆颛颛焉为朝夕之计，苟可以博一晌之名高厚利者，虽祸其身，若其子孙，若天下后世，而无所顾藉。其谨愿者，则率为原伯之苟，赵孟之偷，其于身家之利害犹如此，况于身外之物、不急之务，其肯糜岁月、敝精神以为之也哉！乐阉写是书，率在俶扰鞅掌之中，然首百馀万言，无一笔苟简，绵历二年，卒溃于成。夫以世之苟且而惨促也如彼，君之精勤而整暇也如此，设以悔庵居士处此，未识能为乐庵之所为否也。乐庵既属钱唐汪沤客绘《写书图》，又属余序其事。余以乐庵家乌程，于居士为后辈，又所写者皆魏氏之书，故尤乐比而论之，并以见乐庵之写书，别有其可记者存，非徒为藏书家增一故事也。己未闰七月。

《随庵所藏甲骨文字》序[①]

甲骨文字出于安阳之小屯，福山王文敏公首得之。文敏殉国，悉归丹徒刘铁云观察（鹗）。铁云又续有所得，选其精者，印行为《铁云藏龟》一书。嗣后安阳所出，多归上虞罗叔言参事，参事所藏凡二三万片，印于《殷虚书契前后编》者，皆其选也。顾甲骨阅时既久，其质颇脆，非如吉金乐石可把玩摩挲者。余于刘、罗二君皆至稔，然于其所藏，除《藏龟》、《书契》二书所载及罗氏选拓数十册外，固未能尽览焉。丙辰丁巳间，铁云所藏，一部归于英人哈同氏，余为编次考释之，始知铁云所藏之佳者，《藏龟》一书固未能尽之。又鄞县马君叔平赠余以京师大学及其所藏甲骨拓本千馀片，其中文字颇有出于《藏龟》、《书契》二书外者，益知殷虚遗物片骨只字皆足资考证。而刘、罗二家选印之举，盖出于不得已也。庚申秋日，积馀先生复出所藏甲骨拓

① 此文作于1920年，收入《观堂别集》卷四。

本见示，其中小半，参事已选印入《殷虚书契后编》，然其中文字异体及卜辞之可资考证，而为参事所遗者，亦尚有之，此研究古文字及制度者，所不可肄业及之也。且甲骨一经摹拓，便有损坏，先生此拓，其与实物同宝之。庚申七月廿七日。

《魏石经考》自序①

余于丁巳作《魏石经考》，据黄县丁氏所藏残石，以定《魏石经》每行字数；又由每行字数，推定每碑行数。复以《御览》引《洛阳记》所载碑数及诸经字数，参互求之，以定《魏石经》经数。又排比《隶释》所存残字，为《经文考》、《古文考》，共书二卷，刊行于《广仓学窘学术丛书》中。岁在辛酉，复删《经文考》、《古文考》诸篇，而掇取其首五篇，编入《观堂集林》。

癸亥春，乃闻洛阳复出《魏石经》残石一，两面分刻《尚书·无逸》、《君奭》二篇，《春秋》僖、文二公，字数至千余。三月中，始得拓本，则已剖而为二。又见《尚书·多士》、《春秋》文公一小石，亦二百余字。比四月，予来京师，则见残小石拓本至多。其为《书·皋陶谟》者，有吴兴徐氏所藏"帝言"一石、"夜五"一石、"明庶"一石、"禹四"一石、"五典"一石、"瀿"一

① 此文作于1925年，收入《观堂别集》卷四。

石、“应欲”一石、“绑”一石、“黼黻”二石、“介退”一石，皖中周氏所藏“都帝予”一石、“女说”一石。《尚书·无逸篇》，则有鄞县马氏所藏“小乌”一石（其背为《春秋》僖公卅二三年经文）。《春秋》则有某氏所藏“姬遇”一石（庄公三十年），徐氏所藏“赵敫”一石（文公八年），共十余石。已而复见《无逸》、《君奭》一石未剖时拓本，中间《君奭》篇题一行，与《春秋》僖三十一年“取济西田”一行具存，馀亦较剖后拓本多十余字，此石与丁氏残石正相衔接。

总今日所有残石，凡得二千有数字，除磨灭不可见者，尚二千字，视五代宋初人所见拓本，字已逾倍，乃复为此考，以补前考之未备焉。

《圣武亲征录校注》序[①]

《圣武亲征录》一书，乾隆间修四库书时，以其序述无法，词颇蹇涩，译语互异，未著于录，仅存其目于史部杂史类中。钱竹汀先生始表章其书，为之跋尾。道光以后，学者颇治辽、金、元三史及西北地理，此书亦渐重于世。张石洲、何愿船二先生始为之校勘，而何氏治之尤勤；其殁后，稿本流传京师。光绪朝士，若顺德李仲约侍郎、萍乡文道希学士、嘉兴沈子培先生递有增益。岁在甲午，桐庐袁重黎太常刊之于芜湖，是为此书有刊本之始。顾张、何二家所据本，虽云出竹汀先生家，然辗转传钞，谬误百出。石洲仅得翁覃溪学士家藏本一校之，无大悬绝也。

余前在海上，于嘉兴沈先生座上，见其所校《说郛》本《亲征录》，为明弘治旧钞，与何本异同甚多。先生晚岁不甚谈《元史》事，然于《说郛》本犹郑重手校。未几，先生归道山，其校本遂不可见。比来京师，胶州柯凤

① 此文作于1926年，收入《观堂集林》卷十六。

孙学士为余言，元太祖初起时之十三翼，今本《亲征录》不具，《说郛》本独多一翼，乃益梦想《说郛》本。旋知其本藏江安傅君沅叔所。乙丑季冬，乃从沅叔借校。沅叔并言，尚有万历抄《说郛》本在武进陶氏。丙寅正月赴天津，复从陶氏假之，其佳处与傅本略同。又江南图书馆有汪鱼亭家钞本，亦移书影钞得之。合三本互校，知汪本与何氏祖本同出一源，而字句较胜，夺误亦较少，《说郛》本尤胜，实为今日最古最备之本。因思具录其异同，为校记，以饷学者。顾是书有今本之误，有明钞本之误，有原本之误，三者非一一理董，犹未易遽读也。幸而此书之祖祢之《秘史》，与其兄弟之拉施特书、其子姓之《元史》及当时文献，尚可参验。因复取以比勘，存其异同，并略疏其事实，为校注一卷。昔吴县洪文卿侍郎译拉施特书，并为《秘史》及此录作注，而遗稿不传，其说略见《元史译文证补》中。武进屠敬山撰《蒙兀儿史记》，于是《录》探索尤勤。近复有仁和丁益甫考证地理，亦非无一二可采。兹复剟取取其说，其有瑕纇，间加辨正。虽不敢视为定本，然视何氏校本，则差可读矣。

当有元成宗之世，西域人拉施特撰《蒙古全史》。其《太祖纪》一种，除所载宗室世系及西域战事详于此《录》外，馀大都与此《录》符同，故学者多谓此《录》出于蒙古脱卜赤颜。往读《元史·察罕传》，言仁宗命译脱必赤颜，名曰《圣武开天记》，及《纪年纂要》、《太宗平金始末》等书，俱付史馆云云。案，明修《元史》，其太祖、太宗二纪，大半取材此《录》。而明文渊阁书目，乃有《圣武开天记》而无《圣武亲征录》，颇疑《亲征录》即《开天记》。顾《开天记》译于仁宗时，而此《录》之成确在世祖之世，今本癸亥年王孤部下有原注云：今爱不花驸马丞相白达达是也。考阎复高唐忠献王碑及《元史·阿剌兀思剔吉忽里传》，爱不花当中统之初已总军事，又其子阔里吉思，成宗即位封高唐王，则爱不花之卒必在世祖时。而此《录》成时，爱不花尚存，非察罕所译之《开天记》明矣。又此《录》虽冠以“圣武”之名，实兼备英文之事。且太祖事止记岁名，而太宗事则详及月日，盖所取材本自不同。疑太祖朝事出脱卜赤颜，与《开天记》同源。太宗朝事则别取《平金始末》等书以益之，且作者于蒙古文字未能深造，证以《秘史》，踳驳不一而足，故仁宗朝复令察罕重译。今拉施特书幸存，而察罕书不传，殊令人有遗憾已。丙寅二月清明日。

《长春真人西游记注》序[①]

《长春真人西游记》二卷，题门人真常子李志常述。案，志常字浩然，道号通玄大师。长春将殁，命门人宋道安提举教门事，尹志乎副之。未几，道安以教门事付志平。太宗十年戊戌，志平年七十，又举志常自代。宪宗即位，以志常领道教事。戊午岁卒。凡主全真教事者，二十有一年。至元间，释祥迈撰《辨伪录》，载志常掌教时，侵占各路寺院四百八十二处，又令令狐璋、史志经等集《老子化胡成佛经》及《八十一化图》，谤讪佛教。少林裕长老以闻，宪宗召少林及志常廷辨于和林万安阁下。志常论诎，遂令毁《化胡》等经，及将所占寺院三十七处还付释家，志常因此忿恚而卒。考此《录》，本为僧徒攻全真教而作，于长春师弟颇极丑诋，所记全真家占居僧寺一节，诚为事实。然自金贞祐以来，河朔为墟，巨刹精蓝，鞠为茂草，缁衣杖锡，百不一存。乱定之后，革律为禅

① 此文作于1926年，收入《观堂集林》十六。

者，不可胜数。全真之徒亦遂因而葺之，以居其人，坐以寇攘，未免过当。虽长春晚节以后颇凭藉世权以张其教，尹、李承之，颇乖重阳创教之旨，然视当世僧徒如杨琏真伽辈，则有间矣。然则祥迈所记，亦仇敌诬谤之言，安可尽信哉！

此《记》作于长春没后，前有孙锡序，署戊子秋后二日，正当睿宗拖雷监国之岁，而卷末有庚寅七月大葬仙师事，盖书成后所加入。考全真之为道，本兼儒释，自重阳以下，丹阳、长春并善诗颂，志常尤文采斐然。其为是记，文约事尽，求之外典，惟释家《慈恩传》可与抗衡，三洞之中未尝有是作也。

乾隆之季，嘉定钱竹汀先生读《道藏》于苏州玄妙观，始表章此书，为之跋尾，阮文达遂写以进秘府。道光间，徐星伯、程春庐、沈子敦诸先生迭有考订，灵石杨氏因刊入《连筠簃丛书》。由是此书非复丙库之附庸，而为乙部之要籍矣。光绪中叶，吴县洪文卿侍郎创为之注，嘉兴沈乙庵先生亦有笺记，而均未刊布。国维于乙丑夏日始治此书，时以所见疏于书眉，于其中地理、人物亦复偶有创获。积一年许，共得若干条，遂尽一月之力，补缀以成此注。盖病洪、沈二家书之不传，聊以自便检寻云尔。因略论作者事迹，弁于其首云。丙寅孟夏。

《敬业堂文集》序

吾乡查他山先生《敬业堂文集》二册，不分卷，后有吴槎翁跋，面叶隶书十二字，亦似槎翁手书，盖源出拜经楼钞本，而吴本又传自海盐张沤舫者也。先是，他山先生冢孙岩门（岐昌）辑此集，稿藏花溪倪氏六十四砚斋，陈简庄（鳣）首录一本，张沤舫从之传录，吴氏又录张本，紫溪王氏（简可）复从吴本录之。未几而倪本吴本、俱毁于火，槎翁又从紫溪传录，有跋见海昌艺文志中。此则从吴氏第一次写本出，疑即王紫溪本也。先生外曾孙陈半圭（敬璋），又从王氏录得一本，编为四卷，并撰年表冠其首。今张、吴、二陈本俱不传，则是本益足贵矣。此邑人张君渭渔藏书。当吾之世，吾宁言收藏者推渭渔，宁固文献之邦也。康、雍之际，他山先生得树楼，与马寒中（思赞）道古楼，并以藏书著闻东南。至乾、嘉间，吴氏拜经楼，陈氏向山阁之藏，乃与吴、越诸大藏书家埒，而蒋氏生沐（光煦）之东湖草堂，寅昉（光焴）之宝彝堂，为之后劲。其馀如松霭周氏（春），耕崖周氏（广业），绿窗钱氏（馥），渟溪管氏（庭芬），皆有藏书。马、吴、周、蒋诸家，亦颇旁搜金石书画，而陈受笙（均）、马古芸（锦）、胡帘石（荥）、释六舟（达受）遂以之名其家。其后诸家之藏，颇或散佚，至咸丰赭冠之乱，遂扫地以尽，其幸而存者，蒋氏宝彝堂一家而已。乱后，收藏家若钱铁江大令（保塘），若唐耑甫明经（仁嘉），若孙铨伯司马（凤钧），皆宦学于外，所藏或持归，或否，世莫得而窥焉。故自余童丱以至弱冠，居乡之日，未尝见一旧本书，一金石刻，盖三百年来，文献尽矣。既光、宣之间，始得渭渔。渭渔长余三四岁，当就傅时，书塾相望也。顾余未尝习渭渔，后颇闻渭渔弃举子业，攻金石书画。光绪乙巳，余归自吴门，渭渔访余于西城老屋，出唐解元芍药，马湘兰兰石小幅，相与把玩移晷。嗣后遂不复相闻，惟闻人言渭渔学益进，藏益富。逮丙辰春，余自海外归，欲尽览渭渔之所藏，而渭渔则死矣。初，同光之间，硖川朱苓年明经颇搜罗乡先辈遗著，其藏书，渭渔尽得之。而六舟上人所藏北齐武定玉造象，当时为构玉佛庵者，亦归于渭渔。渭渔又时往来吴、越间，所至有获，亦不复以乡邦文献自限。使天假之年，行当与查、马、吴、陈诸家抗衡，乃年甫逾四十而殁，殁后遗书遗器及金石拓尚塞破数屋，均未整比，斯不能不为吾邑文献惜也。辛酉春日，渭渔友人仁和姚君虞琴，将刊印是书，属余序其首。余感是书因渭渔而传，又念三百年来，吾邑收藏家，以他山先生始，以渭渔终，故略述渭渔行事，俾附以不泯焉。

译本《琵琶记》序

欲知古人，必先论其世；欲知后代，必先求诸古；欲知一国之文学，非知其国古今之情状学术不可也。近二百年来瀛海大通，欧洲之入，讲求我国故者亦伙矣，而真知我国文学者盖鲜。则岂不以道德风俗之悬殊，而所知所感，亦因之而异欤？抑无形之情感，固较有形之事物为难知欤？要之，疆界所存，非徒在语言文字而已。以知之之艰，愈以知夫译之之艰。苟人于其所知于他国者，虽博以深，然非老于本国之文学，则外之不能喻于人，内之不能慊诸己，盖兹事之难能久矣。如戏曲之作，于我国文学中为最晚，而其流传于他国也则颇早。法人赫特之译《赵氏孤儿》也，距今百五十年。英人大维斯之译《老生儿》，亦垂百年。嗣是以后，欧利安、拔善诸氏并事翻译。讫于今元剧之有译本者，几居三之一焉。余虽未读其译书，然大维斯于所译《老生儿》序，谓："元剧之曲，但以声为主，而不以义为主。"盖其所趍译者，科白而已。夫以元剧之精髓，全在曲辞；以科白取元剧，其智去买椟还珠者有几！日本与我隔裨海，而士大夫能读汉藉者亦往往而有，故译书之事，反后于欧人，而其能知我文学。固非欧人所能望也。癸丑夏日，得西村天囚君所译《琵琶记》而读之。南曲之剧，曲多于白，其曲白相生，亦较北曲为甚。故欧人所译北剧，多至三十种，而南戏则未有闻也。君之译此书，其力全注于曲。以余之不敏，未解日本文学，故于君文之趣神味韵，余未能道焉。然以君之邃于汉学，又老于本国之文学，信君之所为，必远出欧人译本之上无疑也。海宁王国维序于日本京都吉田山麓寓庐。

《<汉书·艺文志>举例》后序

丙辰春，余自日本归上海，卜居松江之湄，闭户读书，自病孤陋。所从论学者，除一二老辈外，同辈唯旧友钱唐张君孟劬，又从孟劬交元和孙君益庵。二君所居，距余居半里而近，故时相过从。二君为学皆得法于会稽章实斋先生，读书综大略，不为章句破碎之学。孟劬有《史微》，益庵有《诸子通考》，既借甚学者间。丁巳秋，益庵复出所撰《〈汉书·艺文志〉举例》，索予一言。余谓益庵之书，精矣，密矣，其示后人以史法者备矣。其书本为后之修史志、编目录者言，故所举各例，不惮奸悉。然如称出入，称省诸例，乃洞见刘《略》与班《志》之异同，自来读《汉志》者，均未讼言及此，窃叹世之善读书者，殆未有过于益庵者也。顾曩读《汉志》有未达者数事，今略举之：班《志》全用《七略》，即以中秘书目为国史书目，然中秘之书，亦有不入《汉志》者。如《六艺类》《尚书》有古文经四十六卷，《礼》有古经五十六卷，《春秋》有古经十二篇，《论语》有古二十一篇，《孝经》有古孔氏一篇，皆冠于诸家经之首，唯《易》无古文经。然《志》言刘向以中古文《易经》校施、孟、梁邱经，或脱去无咎悔亡，唯费氏经与古文同。是中书确有《易》古文经，而《志》仅录施、孟、梁邱三家经各十二篇，与《书》、《礼》、《春秋》异例，此未达者一也。又别录《七略》，颇有异同。《志》称刘向校书，每一书已，辄条其篇目，录而奏之。今世所传《战国策》、《晏子》、《荀子》、《列子》、《管子》，皆有刘向所撰录各一篇，《山海经》有刘歆所撰录一篇（世所传《关尹子》、《子华子》、《于陵子》，皆有刘向所撰录，《邓析子》有刘歆所撰录，均伪）。所谓《别录》是也。其略出之目，乃谓之略，是录与略本不应有异同，录略与《汉志》亦不应有异同，乃《别录》称《礼记》四十九篇（《经典释文叙录》及《乐记》《正义》引），又称古文记二百四篇（亦《经典释文》《叙录》）而《志》但著录记百三十一篇。又《山海经》录称定为十八篇，而《志》仅有十三篇，是录略篇数互异。又王逸《楚辞章句·序》云："刘向典校经书，分《楚辞》为十六卷。"旧本《楚辞》，亦题护左都水使者光录大夫臣刘向集，校书郎中臣王逸章句。此当是王逸旧题。逸去刘向未远，语当可信。乃汉《志》无《楚辞》，并无景差、东方朔赋。《东方朔传》述刘向所录朔书，亦无《七谏》，此未达者二也。据此书所举出入及省二例，知班《志》于刘《略》稍有增损。于其所入者，如《司马法》、《蹴鞠》二书，不过出此入彼。至书家之刘向《稽疑》一篇，小学家之扬雄《杜林》三篇，儒家之扬雄所序三十八篇，赋家之扬雄八篇，皆班氏所新入也。然班氏所见《七略》未录之书，固不止此。如《律历志》之刘歆《钟律书》及《三统历》，《天文志》之《甘氏经》、《石氏经》、《夏氏日月传星传》，《五行志》之刘歆《洪范五行传》，皆班氏修书时所据者也。叔孙通《汉仪》十一篇，又班氏所上者也。既有新入之例，而此诸书独不入，此未达者三也。此三疑者，盖久蓄于余心，求之此书所举例中，亦未得其说。既读此书，爰举以相质，以益庵之善于读书，必有以发千载之覆也。丁巳八月。

《中国名画集》序

绘画之事，由来古矣。六书之字，作始于象形；五服之章，辉煌于作会。楚壁神灵，发累臣之问；宋舍众史，受元君之图。汉代黄门，亦有画者，殷纣踞妲己之图，周公负成王之象，遂乃悬诸别殿，颁之重臣。魏晋以还，盛图故事；齐梁以降，兼写佛像。爰自开天之际，实分南北之宗。王中允之清华，李将军之刻画，人物告退，而山水方滋。下至韩马、戴牛、张松、薛鹤，一物之工，兹焉托始。荆、关崛起，董、巨代兴。天水一朝，士夫工于画苑；有元四杰，气韵溢乎典型。胜国兴朝，代有作者，莫不家抱钟山之壁，人握赤水之珠，变化拟于鬼神，矩矱通于造化。陈之列肆，非徒照乘之光；闷之巾箱，恒有冲天之气。今夫成而必亏者，时也；往而不复者，器也。江陵末造，见玉轴之扬灰；宣和旧藏，与降旛而北去。文武之道既尽，昆明之劫方多。即或脱坠简于秦余，逸焦桐于爨下。然且天吴紫凤，坼为牧竖之衣；长康探微，辱于酒家之壁。同糅玉石，终委泥涂。又或幸遴收藏，并遭著录，而兰亭茧纸，永闷昭陵；争坐遗文，竟分安氏。中郎帐中之帙，仅与王郎同观；博士壁中之书，不许晁生转写。此则叔疑之登龙断，众议其私；阳虎之窃大弓，当书为盗者矣。

平等阁主人英英如云，醰醰好古。慨横流之澒洞，惧名迹之榛芜。是用尽发旧藏，并征百氏。琳瑯辐辏，吴越好事之家；摹写精能，欧美发明之术。八万四千之宝塔，成于崇朝；什一千百之菁英，珍兹片羽。冀以永留名墨，广被人间。

懿此一举有三美焉。夫学须才也，才须学。是以右相丹青，坐卧僧繇之侧；率更翰墨，徘徊索靖之傍。近世画师，罕窥真迹，见华亭而求北苑，执娄水以觅大痴，既摹仿之不知，于创作乎何有。今则摹从手迹，集自名家，裨我后生，殆之高矩，其美一也。且夫张而必弛者，文武之道；劳而求息者，含生之情。然走狗斗鸡，颇乖大雅；弹棋博簺，易入机心。若夫象在而遗其形，心生而无所住，则岂有对曹霸、韩干（之马）。而计驰骋之乐，见毕宏、韦偃之松而思栋梁之用。会心之处不远，鄙吝之情聿销，诚遣日之良方，亦息肩之胜地，其美二也。三代损益；文质殊尚；五方悬隔，嗜好不同。或以优美、宏壮为宗；或以古雅、简易为尚。我国绘事自为一宗，绘影绘声则有所短，一邱一壑则有所长。凡厥反唇，胥由韫椟；今则假以印刷，广彼流传。贾舶东来，慧光西被，不使蜻蜓岛国独辉日出之光，罗马故国专称美日之国，其美三也。

小有搜罗，粗谙鉴别，睹兹盛举，颇发幽情，索我弁言，贻君小引。冀夫笔精墨妙，随江汉而长流；玉蹬金题，与昆仑而永固。八月。

《雪堂校刊群书叙录》序

近世学术之盛，不得不归诸刊书者之功。刊书之家，约分二等：一曰好事，二曰笃古。若近世吴县之黄，长塘之鲍，虞山之张，金山之钱，可谓好事者矣。若阳湖孙氏，钱唐卢氏，可谓笃古者矣。然此诸氏者，皆生国家全盛之日，物力饶裕。士大夫又崇尚学术，诸氏或席丰厚，或居官师之位，有所凭藉，其事业未可云卓绝也，若夫生无妄之世。《小雅》尽废之后，而以学术之存亡为己责，搜集之、考订之、流通之，举天下之物不足以易其尚，极天下之至艰而卒有以达其志，此于古之刊书者未之前闻，始于吾雪堂先生见之。尝譬之为人臣者，当无事之世，事圣明之主，虽有贤者，当官守法而已。至于奇节独行，与宏济之略，往往出于衰乱之世，则以一代兴亡，与万世人纪之所系，天固不惜生一二人者以维之也。学术亦然。孙、卢诸氏之于刊书，譬之人臣当官守法而已。至于神物之出，不与世相应，天既出之，固不忍听其存亡，而如先生之奇节宏略，乃出于其间，亦以学术存亡之所系，等于人纪之存亡，故天不惜生一二人者以维之也。先生校刊之书，多至数百种，于其殊尤者，皆有叙录。戊午夏日，集为二卷，别行于世。案先生之书，其有功学术最大者，曰《殷虚书契前后编》、曰《流沙坠简》、曰《鸣沙石室古佚书》、及《鸣沙石室古籍丛残》。此四者之一，已足敌孔壁汲冢之所出，其馀所集之古器古籍，亦皆间世之神物，而大都出于先生之世。顾其初出，举世莫之知，知亦莫之重也。其或重之者，搜集一二以供秘玩，斯已耳。其欲保存之、流传之者，鉴于事之艰巨，辄中道而废，即有其愿与力矣，而非有博识毅力如先生者，其书未必能成，成亦未必能多且速，而此间世而出之神物，或有时而毁，是虽出犹不出也。先生独以学术为性命，以此古器古籍为性命所寄之躯体，思所以寿此躯体者，与常人之视养其口腹无以异。辛亥以后，流寓海外，鬻长物以自给，而殷虚甲骨，与敦煌古简佚书，先后印行。国家与群力之所不能为者，竟以一流人之力成之。他所印书籍，亦略称是。旅食八年，印书之资以巨万计，家无旬月之蓄，而先生安之。自编次、校写、选工、监役，下至装潢之款式，纸墨之料量，诸凌杂烦辱之事，为古学人所不屑为者，而先生亲之，举力之所及，而惟传古之是务。知天生神物，复生先生于是时，固有非偶然者。《书》有之曰：“功崇惟志，业广惟勤。”先生之功业，可谓崇且广矣，而其志与勤，世殆鲜知之，故书以为之序，使世人知先生所以成就此业者，固天之所启，而非好事者，及寻常笃古者所能比也。戊午六月。

《国学丛刊》序

学之义，不明于天下久矣！今之言学者，有新旧之争，有中西之争，有有用之学与无用之学之争。余正告天下曰：学无新旧也，无中西也，无有用无用也。凡立此名者，均不学之徒，即学焉而未尝知学者也。

学之义广矣。古人所谓“学”，兼知行言之。今专以知言，则学有三大类：曰科学也，史学也，文学也。凡记述事物而求其原因，定其理法者，谓之科学；求事物变迁之迹，而明其因果者谓之史学；至出入二者间，而兼有玩物适情之效者，谓之文学。然各科学有各科学之沿革，而史学又有史学之科学，（如刘知几《史通》之类。）若夫文学，则有文学之学（如《文心雕龙》之类）焉，有文学之史（如各史文苑传）焉。而科学史学之杰作，亦即文学之杰作。故三者非斠然有疆界，而学术之蕃变，书籍之浩瀚，得以此三者括之焉。凡事物必尽其真，而道理必求其是，此科学之所有事也；而欲求知识之真与道理之是者，不可不知事物道理之所以存在之由，与其变迁之故，此史学之所有事也；若夫知识道理之不能表以议论，而但可表以情感者，与夫不能求诸实地，而但可求诸想像者，此则文学之所有事。古今东西之为学，均不能出此三者，惟一国之民，性质有所毗，境遇有所限，故或长于此学，而短于彼学；承学之子，资力有偏颇，岁月有涯涘，故不能不主此学而从彼学；且于一学之中，又择其一部而从事焉。此不独治一学当如是，自学问之性质言之，亦固宜然。然为一学，无不有待于一切他学，亦无不有造于一切他学，故是丹而非素，主入而奴出，昔之学者或有之，今日之真知学、真为学者，可信其无是也。

夫然，故吾所谓学无新旧、无中西、无有用无用之说，可得而详焉。何以言学无新旧也？夫天下之事物，自科学上观之，与自史学上观之，其立论各不同。自科学上观之，则事物必尽其真，而道理必求其是，凡吾智之不能通，而吾心之所不能安者，虽圣贤言之，有所不信焉；虽圣贤行之，有所不慊焉。何则？圣贤所以别真伪也，真伪非由圣贤出也；所以明是非也，是非非由圣贤立也。自史学上观之，则不独事理之真与是者，足资研究而已，即今日所视为不真之学说，不是之制度风俗，必有所以成立之由，与其所以适于一时之故。其因存于邃古，而其果及于方来，故材料之足资参考者，虽至纤悉，不敢弃焉。故物理学之历史，谬说居其半焉；哲学之历史，空想居其半焉；制度风俗之历史，弁髦居其半焉；而史学家弗弃也。此二学之异也。然治科学者，必有待于史学上之材料，而治史学者，亦不可无科学上之知识。今之君子，非一切蔑古，即一切尚古。蔑古者出于科学上之见地，而不知有史学；尚古者出于史学上之见地，而不知有科学；即为调停之说者，亦未能知取舍之所以然。此所以有古今新旧之说也。

何以言学无中西也？世界学问，不出科学、史学、文学。故中国之学，西国类皆有之，西国之学，我国亦类皆有之；所异者，广狭疏密耳。即从俗说，而姑存中学西学之名，则夫虑西学之盛之妨中学，与虑中学之盛之妨西学者，均不根之说也。中国今日，实无学之患，而非中学西学偏重之患。京师号学问渊薮，而通达诚笃之旧学家，屈十指以计之，不能满也；其治西学者，不过为羔雁禽犊之资，其能贯串精博，终身以之如旧学家者，更难举其一二。风会否塞，习尚荒落，非一日矣。余谓中西二学，盛则俱盛，衰则俱衰，风气既开，互相推助。且居今日之世，讲今日之学，未有西学不兴，而中学能兴者；亦未有中学不兴，而西学能兴者。特余所谓中学，非世之君子所谓中学；所谓西学，非今日学校所授之西学而已。治《毛诗》、《尔雅》者，不能不通天文博物诸学，而治博物学者，苟质以《诗》《骚》草木之名状而不知焉，则于此学固未为善。必如西人之推算日食，证梁虞邝、唐一行之说，以明《竹书纪年》之非伪；由《大唐西域记》，以发见释迦之支墓，斯为得矣。故一学既兴，他学自从之，此由学问之事，本无中西。彼鳃鳃焉虑二者之不能并立者，真不知世间有学问事者矣！

顾新旧中西之争，世之通人率知其不然，惟有用无用之论，则比前二说为有力。余谓凡学皆无用也，皆有用也。欧洲近世农工商业之进步，固由于物理化学之兴，然物理化学高深普遍之部，与蒸气电信有何关系乎？动植物之学，所关于树艺畜牧者几何？天文之学，所关于航海授时者几何？心理社会之学，其得应用于政治教育者亦甚少。以科学而犹若是，而况于史学、文学乎？然自他面言之，则一切艺术，悉由一切学问出，古人所谓“不学无术”，非虚语也。夫天下之事物，非由全不足以知曲，非致曲不足以知全，虽一物之解释，一事之决断，非深知宇宙人生之真相者，不能为也。而欲知宇宙人生者，虽宇宙中之一现象，历史上之一事实，亦未始无所贡献。故深湛幽渺之思，学者有所不避焉；迂远繁琐之讥，学者有所不辞焉。事物无大小，无远近，苟思之得其真，纪之得其实，极其会归，皆有裨于人类之生存福祉。已不竟其绪，他人当能竟之；今不获其用，后世当能用之。此非苟且玩愒之徒所与知也！学问之所以为古今中西所崇敬者，实由于此。凡生民之先觉，政治教育之指导，利用厚生之渊源，胥由此出，非徒一国之名誉与光辉而已。世之君子，可谓知有用之用，而不知无用之用者矣。

以上三说，其理至浅，其事至明。此在他国所不必言，而世之君子，犹或疑之，不意至今日而犹使余为此哓哓也。适同人将刊行国学杂志，敢以此言序其端，此志之刊，虽以中学为主，然不敢蹈世人之争论。此则同人所自信，而亦不能不自白于天下者也。

《玉溪生诗年谱会笺》序

善哉孟子之言诗也，曰："说《诗》者不以文害辞，不以辞害志；以意逆志，是为得之。"顾意逆在我，志在古人，果何修而能使我之所意，不失古人之志乎？此其术，孟子亦言之曰："诵其诗，读其书，不知其人，可乎？是以论其世也。"是故由其世以知其人，由其人以逆其志，则古诗虽有不能解者，寡矣。汉人传诗，皆用此法，故四家诗皆有序。序者，序所以为作者之意也。《毛序》今存，鲁诗说之见于刘向所述者，于诗事尤为详尽。及北海郑君出，乃专用孟子之法以治诗。其于诗也，有谱、有笺。谱也者，所以论古人之世也；笺也者，所以逆古人之志也。故其书虽宗毛公，而亦兼采三家，则以论世所得者然也。又《毛诗序》以《小雅》、《十月之交》、《雨无正》、《小旻》、《小宛》四篇，为刺幽王作，郑君独据《国语》及纬候以为刺厉王之诗，于谱及笺，并加厘正。尔后王基、王肃、孙毓之徒，申难相承，洎于近世，迄无定论。逮同治间，函皇父敦出于关中，而毛、郑是非，乃决于百世之下。（《敦铭》云："函皇父作《周娟盘盉尊器敦》鼎自豕鼎降十又两罍两壶周娟其万年子子孙孙永宝用。周娟犹言周姜，即函皇父之女，归于周，而皇父为作媵器者。十月之交艳妻，《鲁诗》本作阎妻，皆此敦函之假借字。函者其国，或氏、娟者其姓，而幽王之后，则为姜为姒，均非娟姓。郑长于毛，即此可证。）信乎论世之不要以已也。故郑君序《诗谱》曰："欲知源流清浊之所处，则循其上下而省之；欲知风化芳臭气泽之所及，则旁行而观之。"治古诗如是，治后世诗亦何独不然？余读吾友张君孟劬《玉溪生年谱》，而益信此法之不可易也。有唐一代，惟玉溪生诗，词旨最为微晦。遗山论诗，已有"无人作郑笺"之叹。三百年来，治之者近十家，盖未尝不以论世为逆志之具。然唐自大中以后，史失其官，《武宗实录》亦亡于五季。故新旧二书，于会昌后事，动多疏舛。后世注玉溪诗者，仅求之于二书，宜其于玉溪之志多所扞格也。君独旁搜远绍，博采唐人文集说部及金石文字，以正刘、宋二书之失。宋次道之补亡，吴廷珍之纠缪，君殆兼之而一寄于此谱。以古书例之，朱、冯诸君之书，齐、鲁、韩、毛之序也，君书则郑君之谱及笺也。其所考定者，固质诸古而无疑，其未及论定者，亦将得其证于百世之下。郑君说《小雅》《十月之交》，其已事也。君尝与余论浙东西学派，谓浙东自梨洲、季野、谢山以讫实斋，其学多长于史，浙西自亭林、定字以及分流之皖、鲁诸派，其学多长于经；浙东博通，其失也疏，浙西专精，其失也固。君之学，固自浙西入，而渐渍于浙东者，故曩为《史微》，以史法治经、子二学，四通六辟，多发前人所未发。及为此书，则又旁疏曲证，至纤至悉，而孰知其所用者，仍先秦两汉治经之家法也。故述孟子、郑君之言，以序君书，意亦君之所首肯乎？丁巳六月。

《彊村校词图》序

古者卿大夫老则归于乡里。大夫以上曰“父师”，士曰“少师”，皆称之曰“乡先生”。与于乡饮酒乡射之礼，则谓之“遵”。“遵”者，以言其尊也。席于宾主之间者，以言其亲也。乡之人尊而亲之，归者亦习而安之，故古者有去国，无去乡。后世士大夫退休者，乃或异于是。如白太傅之居东都，欧阳永叔之居颍上，王介甫之居金陵，盖有不归其乡者矣，然犹皆其平生游宦之地，乐其山川之美，而习于其士大夫之情，非欲归老其乡而不可得也。至于近世，抑又异于是。光、宣以来，士大夫流寓之地，北则天津，南则上海，其初席丰厚，耽游豫者萃焉。辛亥以后，通都小邑，桴鼓时鸣，恒不可以居。于是趋海滨者，如水之赴壑，而避世避地之贤，亦往往而在。然二地皆湫隘卑湿，又中外互市之所，土薄而俗偷，奸商傀民，鳞萃鸟集，妖言巫风，胥于是乎出，士大夫寄居者，非徒不知尊亲，又加以老侮焉。夫入非桑梓之地，出非游宦之所，内则无父老子弟谈宴之乐，外则乏名山大川奇伟之观，惟友朋文字之往复，差便于居乡。然当春秋佳日，命俦啸侣，促坐分笺，壹握为笑，伤时怨生，追往悲来之意，往往见于言表。是诚无所乐于斯土，而顾沈冥而不反者，盖风俗人心之变，由都邑而乡聚，居乡者虑有所掣曳，不能安其身与心，故隐忍而出此也。归安朱古微先生，以文学官侍郎。光绪之季，奉使粤峤，遽乞病归，往来苏沪间，迄于近岁，居上海之日为多。丙辰秋日、先生出所绘《疆村校词图》，授简命序。疆村者，在苕水之滨，浮玉之麓，先生之故里也。先生既以词雄海内，复汇刊宋、元人词集成数百种。铅椠之役，恒在松江、歇浦间，而顾以疆村名是图，图中风物，亦作苕雪间意，盖以志其故乡之思云尔。夫封嵎之山，于《山经》为浮玉，上古群神之所守，五湖四水，拥抱其域，山川清美，古之词人张子同、子野、叶少蕴、姜尧章、周公谨之伦，胥卜居于是，千秋万岁后，其魂魄犹若可招而复也。先生少长于是，垂老而不得归，遭遇世变，惟以填词、刊词自遣，盖不独视古之乡先生矜式游燕于其乡者如天上人，即求如乐天、永叔诸先生退休之乐亦不可复得，宜其为斯图以见意也。夫有乡而不得归者，今日士大夫之所同也，而为图以见意，自先生始，故略序此旨，且以纪世变也。

《南唐二主词》跋

右南词本《南唐二主词》，与常熟毛氏所抄无锡侯氏所刻。同出一源，犹是南宋初辑本，殆即《直斋书录解题》所著录宋长沙书肆所刊行者也。直斋云："卷首四阕，《应天长》《望远行》各一、《浣溪沙》二，中主所作，重光尝书之，墨迹在盱江晁氏。"今此本正同。又注中引曹功显节度、孟郡王、曾端伯诸人。案：功显，曹勋字。《宋史》勋本传："以绍兴二十九年拜昭信军节度使，孝宗朝，加太尉，提举皇城司开府仪同三司。淳熙元年卒，赠少保。"又《外戚传》："孟忠厚以绍兴七年封信安郡王，绍兴二十七年卒。"曾端伯慥，亦绍兴时人。以此数条推之则编辑者当在绍兴之季，曹功显已拜节度之后，未加太尉之前也。且《半从真迹编录》，尤为可据。故如式写录，另为补遗，及校勘记附后。诸本得失，览者当自得之。宣统改元春三月。

唐写本《太公家教》跋[①]

宣统己酉岁，法国伯希和教授言其所得敦煌书籍，有《太公家教》一卷，其书已寄巴黎，未之见也。去岁伯君邮寄敦煌古籍景本数百枚，亦无此书。顷于罗叔言参事唐风楼中，见此卷，盖同出敦煌千佛洞，为斯坦因伯希和二氏所遗；又石室遗书未归京师图书馆时，流出人间者也。此书史志与宋人书目均未著录，惟李习之答《朱载言书》云："义不深不至于理，而辞句怪丽者有之矣，扬雄《美新》，王褒《僮约》是也；其理往往有是者，而辞章不能工者有之矣，王氏《中说》，俗传《太公家教》是也。"是习之时已有此书。王明清《玉照新志》三亦云："世传《太公家教》，其书极浅陋鄙俚，然见之唐李习之《文集》，至以《文中子》为一律，观其中犹引周汉以来事，当是有唐村落间老校书为之。太公者犹曾高祖之类，非渭滨之师臣明矣。"胡仔《渔隐丛话》十五引严有翼《艺苑

① 此文作于1911年，收入《观堂集林》卷二十一。

雌黄》云：“杜荀鹤《唐风集》中诗极低下，如‘要知前路事，不及在家时。不觉裹衣成大汉，初看骑马作儿童’，前辈方之《太公家教》。张淏《云谷杂记·二》亦著此语。陶九成《辍耕录·二十五》所载金人院本名目，亦有《太公家教》，盖衍此书为之。则此书至宋元间尚存，特以浅陋鄙俚，故馆阁与私家均未著录。今观其书，多作四字韵语，语多鄙俗，且失伦次，与上诸书所言，一一符合。且今日俗谚，犹多见其中，设非见唐人写本，必疑为后世假托矣。书为楮纸卷本，前题存一卷字，篇首阙五字，馀均完好。共一百二十七行，每行自十八九字至廿四五字不等。行书拙率，似出中唐以后，不知视伯君所得者如何也。辛亥六月记。

卷中有云：“太公未遇，钓鱼水（水上夺渭字）；相如未达，卖卜于市。□天居山，鲁连海水，孔鸣盘桓，候时而起。”书中所使古人事止此，或后人因是取“太公”二字冠其书，未必如王仲言曾高祖之说也。

唐写本《兔园册府》残卷跋[1]

右唐杜嗣先《兔园册府》残卷，仅存序文之半。案，此书《旧唐书·经籍志》与《唐书·艺文志》均未著录，惟《宋史·艺文志》有杜嗣先《兔园册府》三十卷。《五代史·刘岳传》云："宰相冯道，世本田家，状貌质野，朝士多笑其陋。道旦入朝，兵部侍郎任赞与岳在其后，道行数反顾，赞问岳：道反顾何为？岳曰：遗下《兔园册》耳。《兔园册》者，乡校俚儒教田夫牧子之所诵也。"《困学纪闻》云："《兔园册府》三十卷，唐蒋王恽令僚佐杜嗣先仿《应科目策》，自设问对，引经史为训注。"恽，太宗子，故用梁王兔园名其书，冯道《兔园策》谓此也。则此书盛行于五代，或至宋季尚存，故深宁尚能言之欤？然宋时藏书家罕有是书，惟晁氏《郡斋读书志》有《兔园册》十卷，云："唐虞世南奉王命纂古今事为四十八门，皆偶俪之语。五代时行于民间，村塾以授学

① 此文作于1913年，收入《观堂集林》卷二十一。

童，故有遗下《兔园册》之诮。”据此，五代村塾盛行之书，为虞为杜，殊未可知。窃疑世南入唐，太宗引为记室，即与房元龄对掌文翰，未必令撰此等书。岂此书盛行之际，或并三十卷为十卷，又以世南有《北堂书钞》，故嫁名于彼欤？此本虽仅存卷首，然犹是贞观时写本。序中“刘君诏问，皆愿治之言”，“治”字未阙笔，知尚在太宗时。又案，《旧唐书·太宗诸子列传》，蒋王恽以贞观七年为安州都督，至永徽三年除梁州都督，在安州凡十六年，则成书当在安州，而此本乃书成后即传写者。虽断巩尺羽，亦人间瑰宝也。

唐写本《残小说》跋

右唐人小说断片，亦狩野博士所录英伦博物馆本。记太宗入冥事，又记判官姓名为崔子玉。狩野博士曾于《艺文》杂志中考此断片，引《太平广记》（一百四十六）所引《朝野佥载》纪太宗入冥事，谓唐初已有此传说，然《佥载》不著冥判姓名。近代郑烺作《崔府君词录》引《府君神异录》正与《佥载》同，唯以冥判为崔府君。考费衮《梁溪漫志》，载宋仁宗景祐二年加崔真君封号，诏曰："惠存滏邑，恩结蒲人，生著令猷，没司幽府。"已以崔真君为司幽府之神，而楼钥《显应观碑记》言"宣和三年磁守韩景作记"，言"唐太宗尝梦得之，诏入觐，刺蒲州，河北采访使"。则径以太宗所见冥判为即真君。今观此残卷，知唐人已有此说矣。太宗入冥与崔判官事，传世《西游记演义》亦载之，其语诞妄不足诘。《朝野佥载》则谓冥中问六月四日事，案太宗诛建成、元吉事，在武德九年六月四日，张鷟不言建成、元吉事者，唐人记先皇事，特微其词耳。《佥载》及《府君神异录》二事，兹比录之，以备参考，可知后世传说，其所由来远矣。

唐太宗极康豫，太史令李淳风见上，流泪无言。上问之，对曰："陛下夕当晏驾。"太宗曰："人生有命，亦何忧也。"留淳风宿。太宗至夜半上奄然入定，见一人云："陛下暂合来，还即去也。"帝问："君是何人？"对曰："臣是生人判冥事。"太宗入见判官，问六月四日事，即令还，向见者又迎送引道出。淳风即观乾象，不许哭泣，须臾乃寤。至曙，求昨所见者，令所司与一官，遂注蜀道一丞。（《朝野佥载》）

《神异录·滏阳八事》之一曰：

一日，府君忽奉东丘圣帝旨，敕断隐、巢等狱。府君令二青衣引太宗至，时魏徵已卒，迎太宗，属曰："隐、巢等冤诉，不可与辨。帝功大，但称述，神必祐也。"帝颔之。及对质，帝惟以功上陈，不与辨。府君判曰："帝治世安民之功甚伟，隐、巢等淫乱，帝诛除之，亦正家之义也。即不名正其罪恶，为擅诛促寿而已。今且君临天下，为苍生主也。"敕二青衣送帝回，隐、巢等惶恐去。帝行复与府君别，府君曰："毋泄也。"后帝令传府君像，与判狱神无异，益信府君之德通于神明矣。（《崔府君祠录》）

唐写本《春秋后语》背记跋

上虞罗氏藏唐写本《春秋后语》有背记凡八条，中有西番书一行，余汉字，七条皆以木笔书之，内有咸通皇帝判官王文瑀语，盖唐咸通间人所书。末有词三阕，前二阕不著调名，观其句法，知为《望江南》，后一阕则《菩萨蛮》也。案段安节《乐府杂录》云："《望江南》始自朱崖李太尉镇浙西日为亡伎谢秋娘所撰。本名《谢秋娘》，后改此名，亦曰《梦江南》。"考德裕镇浙西在长庆四年，至太和三年入朝，凡六年，嗣是白居易、刘禹锡、温庭筠、皇甫松并为此词（白词名《忆江南》，见《长庆后集》卷三，乃太和八、九年间所作。刘词有"多谢洛城人"语，必居洛阳时作，殆与白词同时作。温、皇甫二词则又在其后）。前则未闻。又《菩萨蛮》，据苏鹗《杜阳杂编》亦以为宣宗大中初制，然世所传小说《炀帝海山记》已有炀帝所作《望江南》八首。宋初所编《尊前集》及李白《古风集》（见《湘山野录》）均有白所作《菩萨蛮》词。《海山记》伪书，固不足信，白词世亦有疑之者。顾唐、宋说部所谓某调创于某时、某人者，尤多附会。崔令钦《教坊记》所载教坊曲名三百六十五中，有《望江南》，《菩萨蛮》二调。令钦时代虽不可考，然《唐书》《宰相世系表》有国子司业崔令钦，乃隋恒农太守宣度之五世孙。唐高祖至玄宗五世，宣度与高祖同时，则其五世孙令钦当在玄、肃二宗之世。其书记事讫于开元，亦足略推其时代。据此则《望江南》、《菩萨蛮》二词，开元教坊固已有之。唯《望江南》因赞皇首填此词，刘、白诸公相继而作，《菩萨蛮》则因宣宗所喜，宰相令狐绹曾令温庭筠撰，密进之，（见《唐诗纪事》）故《乐府杂录》与《杜阳杂编》遂以此二词之创作，传之德裕与宣宗。语虽失实，然其风行实始于此。此背记书于咸通间，距太和末廿余年，距大中不过数年，已有此二调，虽别字声病满纸皆是，可见沙州一隅，自大中内属后，又颇接中原最新之文化也。至此背记中之与沙州时事相关者，已见于罗叔言参事所补《唐书·张义潮传》，兹不赘云。癸丑五月。

宋椠《大唐三藏取经诗话》跋

宋椠《大唐三藏取经诗话》三卷，日本高山寺旧藏，今在三浦将军许。阙卷上第一叶，卷中第二、三叶。卷末有中瓦子张家印款一行。中瓦子为宋临安府街名，倡优、剧场之所在也。吴自牧《梦粱录》卷十九云："杭之瓦舍内外合计有十七处，如清冷桥熙春楼下谓之南瓦子，市南坊北三元楼前谓之中瓦子。"又卷十五："铺席门保佑坊前张官人经史子文籍铺，其次即为中瓦子前诸铺。"此云"中瓦子张家印，"盖即《梦粱录》所谓"张官人经史子文籍铺"。南宋临安书肆若太庙前尹家，太学前陆家、鞔鼓桥陈家所刊书籍，世多知之，中瓦子张家惟此一见而已。此书与《五代平话》、《京本小说》及《宣和遗事》体例略同，三卷之书共分十七节，亦后世小说分章回之祖。其称"诗话"非唐、宋士大夫所谓诗话，以其中有诗有话故得此名。其有词有话者则谓之"词话"，《也是园书目》有宋人词话十六种，《宣和遗事》其一也。词话之名，非遵王所能杜撰，必此十六种中有题词话者。此书有诗无词，故名诗话，皆《梦粱录》、《都城纪胜》所谓说话之一种也。书中载玄奘取经。皆出猴行者之力，即《西游演义》之所本。又考陶南村《辍耕录》所载院本名目。实金人之作，中有《唐三藏》一本。《录鬼簿》载元吴昌龄杂剧有《唐三藏西天取经》，其书至国初尚存。《也是园书目》有吴昌龄《西游记》四卷，曹楝亭《书目》有《西游记》六卷，无名氏《传奇汇考》亦有《北西游记》云。今用北曲元人作，盖即昌龄所撰杂剧也。今金人院本、元人杂剧皆佚，而南宋人所撰话本尚存，岂非人间希有之秘笈乎！闻日本德富苏峰尚藏一大字本，题《大唐三藏取经记》，不知与小字本异同何如也。乙卯春。

《江氏音学》跋[①]

余曩读段懋堂先生《经韵楼集》，见有《江氏音学序》及《与江晋三论韵书》，知嘉道间言古韵者，有歙县江氏一家。嗣读当涂夏心伯（炘）《诗古韵表廿二部集说》，以江氏殿顾江段王四家后，举其说略备。客游南北，求江氏书未得也。丙辰春，始于嘉兴沈氏海日楼见之，乃咸丰壬子重刊本，其已刊者为《诗经韵读》（前有诸家书牍及古音廿一部目，《古音总论》即其书之《叙录》）、《君经韵读》、《楚辞韵读》（附宋赋韵读）、《先秦韵读》、《唐韵四声正》、《谐声表》、《入声表》、《等韵丛说》，凡八种。而《隶书纠缪》一种，则重刊时所附也。亟假归读之，并取其《叙录》及《谐声表》、《入声表》、《唐韵四声正》四种，先后刊入《学术丛编》。校理未竟，乃两见原刊本于沪肆，亟购致之。自留其一，以其一寄罗叔言参事于海外。原刊二本总目不

① 此文作于1917年，收入《观堂集林》卷八。

同，而种数无异。其每种封面皆署刊书之年，始知其书刊行始于嘉庆甲戌（《诗经读韵》），毕于道光辛卯（《谐声表》、《入声表》、《等韵丛说》）。越十五年丙午而板毁于火，逮咸丰壬子重刊，则不数载而徽州被兵，其板再毁，宜其传世之希如是也。

江君古韵分部，与高邮王怀祖先生尤近，去入之祭与入声之叶缉各自为部，全与王君同。惟王君于脂部中分出至质为一部，而江君不分。江君从曲阜孔氏说，分东冬为二部，而王君不分，故两家韵目皆廿一部。王君于古韵亦有专书，成书略与段君同时。其所定部目，当乾隆己亥已与段君言之，然其书迄未刊布。至其子伯申尚书撰《经义述闻》，始载怀祖先生与李许斋方伯书及古韵廿一部目。《述闻》成于嘉庆廿一年，次年卢氏宣旬刊之南昌，而江君书成于嘉庆十七年，（段君致江君书在是年七月，作序在十月）刊于十九年，反在王君之前。王君于道光四年三月复江君书，始以所撰与李方伯书及古韵目诒之。是江君以前未闻王说，而两家所造若合符节，犹其脂祭之分，合于戴氏，屋沃之分，合于孔氏，其时亦未见戴孔二家书也。

乌虖！我朝学术莫盛于乾嘉之际，当戴东原与江慎修撰《古韵标准》，在乾隆一二十年间，至丁亥（乾隆三十二年）而段君之《六书音韵表》成。戴君因之于癸巳（三十七年）分古音为七类，于丙申（四十一年）更分为九类。孔氏《诗声类》即继之而出王君著书与戴、段同时，而其书未布。江君生诸声老后，其于诸家之书有见有不见，而其说多与之暗合，或加精焉。前后数十年间，古韵之学遂以大成。而江君自奋于穷乡孤学，其事尤难。今诸家之书盛行，而江书板经再毁，传世无多，其未刊之稿又皆毁于丙午之火，亦有幸不幸欤？江君名有诰，字晋三，歙县人，贡生。卒于咸丰辛亥。丁巳九月记。

唐写本《灵棋经》残卷跋[1]

此残卷亦狩野博士所录，存卦象三：其卦作上[illegible]下[illegible]，其辞作四言韵语，即《灵棋经》鬼灾、空亡、不谐三卦辞也。今本《灵棋经》卦作一上四下，二上一下，二上二下，不同古本。又第一卦象云："家有恶鬼，两两对坐，天地高卑，莫（下阙）。"今本作："家有恶鬼，两相对坐，伺候过失，断水绝火，天神地祇，专察人过。"又第三卦象云："两女无夫，斗争别居，人异路分，别宅处庐。"今本作："两女无夫，斗争各居，出入异路，分别室庐。"象下各有"注曰"云云，今本所无。其"颜渊曰"云云，则与今本所载晋驾部郎中颜幼明注大同。古本作"颜渊曰"，则又因其同为颜氏而依托也。

---

① 此文作于1919年，收入《观堂集林》卷二十一。

《涧上草堂会合诗卷》跋

右杨潜夫、徐俟斋、贯时、朱柏庐四先生会合诗，俟斋复为之序。诗与序俱不居易堂集中，盖缘少作删之。是岁俟斋居金墅墓庐，柏庐自昆山徒步诣之。贯时本居城中吴趍里第，因柏庐远来，故与潜夫俱来会也。卷中诗之先后，以齿为序。是岁潜夫年三十三，俟斋年二十八，柏庐年二十三，贯时生年虽无可考，然诗在柏庐前，当长于柏庐数岁矣。此为徐、朱被家难后第一次会合，俟斋诗云“灵均仍楚官，鲁连甘秦坑”二语，分指其父文靖及朱节孝先生。又云“胡为余小子，身重发肤轻”，则自谓乙酉冬在松陵被获髡首事也。顷上虞罗叔言参事作《俟斋先生年谱》，始及俟斋与贯时参辰之事。观于顺治戊戌俟斋大病濒死，贯时乃不闻问，则参事之言殊信。此卷前于戊戌者十年，贯时尚至山中，则其兄弟参池，当在数年以后矣。庚申夏五。

刘氏《金石苑》稿本跋①

诸城刘燕庭方伯《金石苑》稿本，共六十一册，今在上海涵芬楼。计《长安获古编》一册、《昭陵复古录》五册、《洛阳存古录》十七册、《鼓山题名》二册、《乌石山题名》二册、杂碑无书题者二十三册；写录之式并行格，往往不同，间录前人及同时诸家跋尾，或附方伯自跋，又有大兴徐星伯编修校签。馀为跋尾草稿二册、目录九册，其目录存造像、题名、石幢、墓志、杂碑五种。又有《嘉荫簃金石目》、《金石补编目》、《洛阳存古录目》，凡八种。嗣涵芬楼又得仁和胡次瑶孝廉所编《金石苑序目手稿》二册。其子目亦凡八种：一、《长安获古编》，二、《刘氏古泉苑》，三、《泥封印古录》，四、《嘉荫簃搜古汇编》，五、《洛阳存古录》，六、《造像观古录》，七、《昭陵复古录》，八、《三巴孴古志》，颇与原目相出入。继又见江都宣氏所藏胡目别稿，又有

① 此文作于1921年，收入《观堂集林》卷二十一。

《海东撷古志》、《贞珉阐古录》、《佛幢证古录》、《题名集古录》四种，序目皆具，并前为十二种。

案，方伯之为此书，孝廉实佐之。孝廉序《嘉荫簃搜古汇编目》云：壬子之秋，余为方伯编《金石苑》目次，凡得十种。将毕，方伯谓余曰："余尚有六种，搜而未成，其体例标目已定矣。"序中复列举其目，曰《东武怀古录》、曰《造象观古录》、曰《宝甓翫古录》、曰《扪檠说古录》、曰《要言汲古录》、曰《奇觚抉古录》。

余合原目及胡目观之，知方伯此书，兼用以地分类及以物分类二法。其以地分类者，若《长安获古编》，若《昭陵复古录》，若《洛阳存古录》，若《三巴舂古志》，若《海东撷古志》，而未成之《东武怀古录》与焉。其以物分类者，若《刘氏古泉苑》，若《泥封印古录》，若《造象观古录》，若《佛幢证古录》，若《题名集古录》，若《贞珉阐古录》，而未成之《宝甓翫古录》与焉。其为二类所不能摄者，为数至夥颐，则编为《嘉荫簃搜古汇编》。其《扪檠说古录》、《要言汲古录》、《奇觚抉古录》，则又方伯治金石所得之一家言。此《金石苑》编纂之大略也。方伯所录金石文字，至为浩博，中间盖欲删王氏《金石萃编》所已录者，而存其所未收者，于是有金石补编之目；其《嘉荫簃金石目》，又当为最初之目。此皆编纂时所旁出，而与本书无涉者也。

考方伯之卒，在咸丰癸丑春日，壬子秋之目，当为最后所定。其时《金石苑》已得十种，而涵芬楼所藏胡目存八种，其《造像观古录》又为后六种之一，故廑得七种。

其馀三种即刘氏原目之墓志、题名、石幢，而宣氏胡目所题为《贞珉阐古录》、《题名集古录》、《佛幢证古录》者；此与《造象观古录》命名最后，盖在壬癸之间矣。又《海东金石苑》初拟别行，后题为《海东撷古志》，则又入《金石苑》全书中。此又编纂时改定之大略也。

近者上虞罗叔言参事欲编刊其所藏金石拓本，而病其繁重，乃先后为以时分类、以地分类、以器物分类之书各若干种，复以无可归类之小品别为一书，而全书之成，殊非易易。方伯之书亦视此矣。此书各种，惟《三巴舂古志》已刊行，《长安获古编》板曩在京师，丹徒刘铁云观察为补刊器名，印行於世。其他诸种，惟有此稿本，而稿本中亦惟《昭陵复古录》碑二十六通具全，馀并有阙佚，然尚可得十之五六。临桂况夔笙太守编为《昭陵复古录》十卷、《洛阳存古录》三十二卷、《鼓山题名》六卷、《乌石山题名》三卷、《嘉荫簃搜古汇编》七十卷；阙佚之馀，不能尽如原目，亦固其所。幸刘、胡二目具存，可以见当时搜讨之勤且富矣。胡氏名琨，一字美中，仁和人，道光甲辰举人，殉咸丰庚申之难。余藏其致劳季言手札，述校《说文系传》事，语极精确。其编次金石，亦颇有法，学问淹雅，当时无赫赫名，今更罕知其姓氏矣。咸丰后第一庚申十二月二十七日，是日立春。

《段懋堂手迹》跋[①]

平生于小学最服膺懋堂先生，以为许洨长后一人也。顾其手迹传世甚稀，往见高邮王氏藏先生《致怀祖观察》手札十许通，叹为巨观。此纸出唐栖劳氏，与乾嘉诸名人致严修能书札同在一册中，殆严氏物耶？味蔗先生，抑修能父半塘之别号耶？辛酉长至日，付装成记。

① 此文作于1921年，收入《观堂别集》卷三。

明太傅朱文恪公手定《册立光宗仪注稿卷》跋

此卷旧为朱氏家藏，今归吾友蒋孟蘋学部。案：竹垞先生《史馆上总裁第六书》及《书先太傅奏疏尺牍卷后》，并云"册立旨下仪注、皆先公预定，出诸袖中"盖即据此文恪《手定仪注》为说也。《上总裁书》又言，公上言国朝册立东宫，无谒谢贵妃四拜之礼，宣德、嘉靖旧仪，与今有别，故实录特书。是年礼臣，悉从裁革。今此稿中，皇太子有拜母妃、无拜皇贵妃事，则竹坨之言信矣。又稿中本有一内侍引皇太子诣恭妃前行四拜礼，一内侍引□王诣皇贵妃前，□王诣端妃前，各行四拜礼二条，文恪删之，而于末增入一内侍引皇太子亲王各诣母妃前行四拜礼一条，盖时福王母已为皇贵妃，而皇太子母尚为恭妃，与端王母端妃名位不殊，言之不顺，故以母妃二字浑括，此等处极有用意。昔竹垞言其家有客堂，所藏文恪手迹，多至四楱，经乱尽失之。既而搜访掇拾，五十年装界成六册，皆奏疏尺牍也。此卷既非疏稿，又系折本，当不在所装六册之内。今六册者，不知存佚，而此卷独存，足以见前代大臣之用心，是足珍已。辛酉孟冬。

孙潜夫校《水经注》残本跋[①]

全谢山先生所见《水经注》旧抄校本凡三：曰柳大中钞本，曰赵清常三校本，曰孙潜夫校本。三本时均在扬州马氏小玲珑山馆，而潜夫本即以柳、赵二本校于朱王孙本上，实兼有二本之胜。其书当嘉庆初，顾千里得之扬州，以归袁氏五砚楼，袁寿阶复以顾氏小读书堆所藏景宋抄本校之。袁氏书散，为其婿贝简香所得，今亦藏傅沅叔处。存卷一至卷五，卷九至卷十六、卷三十八至卷四十，凡十有五卷。卷九后有孙氏小跋云：自此卷至卷十五，赵本失去，十二月初二日用柳大中抄本补对一过。馀卷均有赵清常跋，则兼临赵氏本也。谢山谓赵以宋本、谢本、黄本分勘，其所谓别抄本者，则归太仆家本。孙氏此校则已不复识别，即于柳、赵二本亦不尽加识别，故全、赵二家引此校，但浑称孙潜夫本而已。余以全、赵二家所引潜夫校语核此残本，则赵书所引不见

① 此文作于1924年，收入《观堂集林》卷十二。

于此本者凡三十七科，其中实多全氏说。全书所引不见于此本者凡七科，中有全氏说，有孙汝澄说，盖谢山既校孙本后，复自有记注，并书其上，久之不能自别，无怪赵东潜不能别也。恐后人疑此本非潜夫手校，或疑潜夫于此本外别有校本者，故附论之。

聚珍本戴校《水经注》跋[①]

壬戌春，余于乌程蒋氏传书堂见《永乐大典》四册，全载《水经注》“河水”至“丹水”二十卷之文。因思戴校聚珍板本出于《大典》，乃亟取以校戴本，颇怪戴本胜处全出《大典》本外，而《大典》本胜处，戴校未能尽之。疑东原之言不实，思欲取全、赵二家本一校戴本，未暇也。既而嘉兴沈乙庵先生以明黄省曾刊本属余录《大典》本异同，则又知《大典》本与黄本相近。先生复劝余一校朱王孙本，以备旧本异同，亦未暇也。癸亥入都，始得朱王孙本，复假江安傅氏所藏宋刊残本十一卷半、孙潜夫手校残本十五卷，校于朱本上。又校得吴琯《古今逸史》本，于是于明以前旧本沿递，得窥崖略。乃复取全、赵二家书，并取赵氏《朱笺刊误》所引诸家校本以校戴本，乃更恍然于三四百年诸家厘订之勤。

盖《水经注》之有善本，非一人之力也。更正错简，

① 此文作于1924年，收入《观堂集林》卷十二。

则明有朱王孙，国朝有孙潜夫、黄子鸿、胡东樵。厘订经、注，则明有冯开之，国朝有全谢山、赵东潜。捃补逸文，则有全、赵二氏。考证史事，则有朱王孙、何义门、沈绎旃。校定文字，则吴、朱、孙、沈、全、赵诸家，皆有不可没之功。戴东原氏成书最后，遂奄有诸家之胜；而其书又最先出，故谓郦书之有善本，自戴氏始可也。

戴氏自刊郦注、经，始于乾隆三十七年（见孔荭谷《序》），而告成则在其身后。所校官本，刊于乾隆三十九年。逮五十九年赵氏书出，戴氏弟子段懋堂氏讶其与戴书同也，于是有致梁曜北二书，疑梁氏兄弟校刊赵书时，以戴改赵。道光甲辰，张石舟（穆）得谢山乡人王朦轩（梓材）所传钞全氏七校本，乃谓戴、赵皆袭全氏，而于戴书攻击尤力。至光绪中叶，薛叔耘刊全氏书于宁波，于是戴氏窃书之案，几成定谳。然全校本初刊时，校勘者已谓王梓材重录本，往往据戴改全，林晋霞（颐山）尤致不满，至祗为赝造，于是长沙王氏合校本，遂不取全本一字。然薛氏所刊全本，实取诸卢氏、林氏所藏粘缀底本及殷氏所藏清本，非专据王梓材本，未可以其晚出而疑之也。

余曩以《大典》本半部校戴校聚珍本，始知戴校并不据《大典》本，足证石舟之说。（惟石舟谓《提要》所云脱简有自数十字至四百余字，此又《大典》绝无之事。今案卷十八《渭水注》中脱篇一叶四百余字，《大典》实有之。张氏此说未谛。）又以孙潜夫校本及全、赵二本校之，知戴氏得见全、赵二家书之说，盖不尽诬。何以知之？赵氏本书即曰：梁处素兄弟据戴改之矣。然其《朱笺刊误》中所引之全说，戴氏何以多与之合也？全氏之书，即曰王朡轩据戴改之矣。然全本校语及所引赵氏校语，戴氏又何以多与之合也？夫书籍之据他书校改者，苟所据之原书同，即令十百人校之，亦无不同，未足以为相袭之证据也。至据旧本校改，则非同见此本，不能同用此字。如柳大中本、孙潜夫本，谢山见于扬州马氏者，东潜则见谢山传校本《渭水注》中脱简一叶，全、赵据柳、孙二本补之。戴氏自言据《大典》补之，今《大典》原本具在，戴氏所补乃不同于《大典》本，而反同于全、赵本，谓非见全、赵之书不可矣。

考全氏书未入四库馆，赵氏书之得著录《四库》，当在东原身后（戴校本屡云：此注内之小注与全氏说同。而赵书《提要》则驳此说，故知此篇非出东原手），而其书之入四库馆则远在其前。案，浙江《采集遗书总目》，成于乾隆三十九年，其《凡例》内载浙江进书凡十二次。前十次所进书目，通编为甲乙至壬癸十集，而第十一、第十二次所进者则编为闰集。今考赵氏《水经注释》及沈绎旃《水经注集释讹》。其目均在戊集中，则必为第十次以前所进书，亦必前乎三十九年矣。而东原人馆在三十八年之秋，其校《水经注》成在三十九年之冬，当时必见赵书无疑。然余疑东原见赵氏书，尚在乾隆戊子（三十五年）修《直隶河渠书》时，东原修此书实承东潜之后。当时物力丰盛，赵氏《河渠书》稿百三十卷，戴氏《河渠书》稿百十卷，并有数写本。又赵校《水经注》，全氏双韭山房录有二都。则全氏校本，赵氏亦必有之。《水经注》为纂《和渠书》时第一要书，故全、赵二校本局中必有写本无疑，东原见之自必在此时矣。

至厘定经、注，戴氏是否本诸全、赵，殊不易定。据段氏所撰东原《年谱》，自定《水经》一卷系于乾隆三十年乙酉。段刊东原《文集》，《书〈水经注〉后》一篇，亦署乙酉秋八月。此篇虽不见于孔氏刊本，然段氏刊《文集》及《年谱》，均在乾隆壬子（五十七年），其时赵书未出，赵、戴相袭之论未起也，则所署年月自尚可信。而东原撰官本《提要》，所举厘定经、注条例三则，至简至赅，较之全、赵二家说尤为亲切（全说见五校本题辞，赵说谨附见于《朱笺刊误》卷末），则东原于此事，似非全出因袭。且金字文虚中、蔡正甫、明冯开之已发此论，固不必见全、赵书而始为之也。余颇疑东原既法见此事，遂以郦书为己一家之学，后见全、赵书与己同，不以为助，而反以为仇，故于其校定郦书也，为得此书善本计，不能不尽采全、赵之说，而对于其人其书，必泯其迹而后快。于是尽以诸本之美归诸《大典》本，尽掠诸家厘订之功以为己功。其弟子辈过尊其师，复以意气为之辩护，忿戾之气相召，遂来张石舟辈窃书之讥，亦有以自取之也！

东原学问才力，固自横绝一世，然自视过高，骛名亦甚。其一生心力专注于声音、训诂、名物、象数，而于六经大义所得颇浅。晚年欲夺朱子之席，乃撰《孟子字义疏证》等书，虽自谓欲以孔孟之说还之孔孟，宋儒之说还之宋儒，顾其书虽力与程朱异，而亦未尝与孔孟合。其著他书，亦往往述其所自得而不肯言其所自出。其平生学术出于江慎修，故其古韵之学根于等韵，象数之学根于西法，与江氏同；而不肯公言等韵、西法与江氏异。其于江氏亦未尝笃在三之谊，但呼之曰婺源老儒江慎修而已。其治郦书也亦然，黄、胡、全、赵诸家之说，戴氏虽尽取之，而气矜之隆，雅不欲称述诸氏，是固官书体例宜然。然其自刊之本，亦同官本，则不可解也。又戴书简严，例不称引他说，然于《序录》中亦不著一语，则尤不可解也。以视东潜之祖述谢山，谢山之于东潜称道不绝口者，其雅量高致，固有间矣。

由此气矜之过，不独厚诬《大典》本，抹煞诸家本，如张石舟之所讥，且有私改《大典》，假托他本之迹。如蒋氏所藏《大典》本第一卷有涂改四处：《河水》一“遐记绵邈”，“遐”、“邈”二字中惟“辶”“辶”二偏旁系《大典》原本，“叚”、“貌”二文皆系刮补，乃从朱王孙《笺》。（今官本作“经记绵递”，当是再改之本。）又“令河不通利”，“令”字《大典》作“今”，乃从全、赵二本改，“今”字下半作“令”。“天魔波旬”，《大典》与诸本同，乃改“天”字首笔作“夭”，以实其校语中“夭”、“妖”字通之说。《河水》二“自析支以西滨于河首左右居也，”《大典》与诸本同作“在右居也”，乃从全、赵二本改“在”字为“左”。（全、赵从孙潜夫校。）盖戴校既托诸《大典》本，复虑后人据《大典》以驳之也，乃私改《大典》原本以实其说。其仅改卷首四处者，当以其不胜改而中止也。此汉人私改兰台漆书之故智，不谓东原乃复为之。

又戴氏官本校语，除朱本及所谓近刻外，从未一引他本，独于卷三十一、卷三十二、卷四十中，五引归有光本。今核此五条，均与全、赵本同。且归氏本久佚，惟赵清常、何义门见之，全氏曾见赵、何校本，于此五条并不著归本如此。孙潜夫传校赵本，其卷四十尚存，亦不言归本有此异同。以东原之厚诬《大典》观之，则所引归本，疑亦伪托也。

凡此等学问上可忌可耻之事，东原胥为之而不顾，则皆由气矜之一念误之。至于掩他人之书以为己有，则实非其本意，而其迹则与之相等。平生尚论古人，雅不欲因学问之事伤及其人之品格，然东原此书方法之错误，实与其性格相关，故纵论及之，以为学者戒。当知学问之事，无往而不当用其忠实也。甲子二月。

唐写本韦庄《秦妇吟》跋

此诗前后残阙，无篇题及撰人姓名。亦英伦博物馆所藏，狩野博士所录。案《北梦琐言》："蜀相韦庄应举时，遇黄寇犯阙，著《秦妇吟》一篇"云。"内库烧为锦绣灰，天街踏尽公卿骨。"此诗中有此二语，则为韦庄《秦妇吟》审矣。《琐言》又云："尔后公卿颇多垂讶，庄乃讳之，时人号为《秦妇吟》秀才，他日撰《家戒》内，不许垂《秦妇吟》障子，以此止谤，亦无及也。"云云。是庄贵后讳言此诗，故弟蔼编《浣花集》不以入集，遂不传于世。然此诗当时制为障子，则风行一时可知。伯希和教授巴黎国民图书馆《敦煌书目》亦有《秦妇吟》，下署右补阙韦庄，彼本有前题，殆较此为完善欤？

又跋

余曩考日本狩野博士所录伦敦博物馆残本，据《北梦琐言》定为韦庄《秦妇吟》。后阅巴黎国民图书馆《敦煌书目》有《秦妇吟》一卷，署右补阙韦庄撰，因移书伯希和教授，属为写寄。甲子正月，教授手录巴黎所藏天复五年张龟写本以至，复以伦敦别藏梁贞明五年安友盛写本校之。二本并首尾完具，凡千三百八十六字。其首云：“中和癸卯春三月”，则此诗乃中和三年所作。其末云：“适闻有客金陵至，见说江南风景异。”又云：“愿君举棹东复东，咏此长歌献相公。”则此诗乃上江南某帅者，考是时，周宝以镇海军节度使同平章事镇润州，则相公盖谓周宝也。庄遇黄寇之乱，初居洛中，旋客江南。《浣花集》四有《江上逢史馆李学士》诗云：“关河自此为征累，城阙于今陷战鼓。”自注云：“时巢寇未平。”则中和三年三月，庄已由洛渡江。其后有《陪金陵府相中堂夜宴》诗，《观浙西府相畋游》诗。又有《官庄》诗，自注云：“江南富民悉以犯酒没家产，因以此诗讽之，浙帅遂改酒法，不入财产。”是庄曾为周宝客，此诗当即其初至江南贽宝之作矣。此时庄尚未第，其署右补阙者，乃庄在唐所终之官。考庄自巢乱后，自洛而吴而越而赣而楚，至景福二年癸丑始还京应举，其《投寄旧知》诗，所谓“万里有家留百越，十年无路到三秦”者也。是年下第，至次年乾宁改元，始成进士。其入蜀之岁，则弟蔼作《浣花集序》云：“庚申（光化三年）夏以中谏□□□□，辛酉（天复元年）春应聘为蜀奏记。”

而《浣花集》十有《过樊川旧居》诗，自注云："时在华州驾前奉使入蜀作"，考昭宗以乾宁三年丙辰七月幸叶州，至光化元年戊午八月始还京师，则庄奉使入蜀，当在丙丁戊三年中，而《唐书·隐逸陆龟蒙传》云："光化中，韦庄表龟蒙及孟郊等十人皆赠右补阙。"（《北梦琐言》记此事在光化元年。《容斋三笔》卷七谓在光化三年十二月）则庄使蜀后仍自还朝，至庚申乃复入蜀，辛酉始委质王氏，则庚申之中谏，（唐人呼拾遗补阙二官为"中谏"，见《北梦琐言》八）乃其在唐所终之官也。《琐言》载右补阙韦庄为陆龟蒙诔文，与此诗结衔，均以其在唐最后一官称之，而此诗书于天复五年，尤宜书此官也。甲子二月。

《黑鞑事略》跋[①]

此书后有嘉熙丁酉永嘉徐霆长孺跋云："霆初归自草地，尝编叙其风土习俗。及至鄂渚，与前纲书状官彭大雅解后，各出所撰以相参考，亦无大辽绝。遂用所著者为定本，间有不同，则霆复疏于下方。"云云。今书中顶格书者，大雅原书，其低一字者，长孺所疏也。

长孺随使蒙古，在宋理宗端平初年，当蒙古窝阔台汗之七八年。本书云，霆至草地时立金帐，想是以本朝皇帝亲遣使臣来，故立之以示壮观。前纲邹奉使至不曾立，后纲程大使更后纲周奉使至，皆不立。考《宋史·理宗纪》，绍定五年（壬辰）十二月，大元再遣使议攻金，史嵩之以邹伸之报谢。端平元年（甲午）十二月己卯，大元遣王檝来。辛卯，遣邹伸之、李复礼、乔士安、刘溥报谢。二年（乙未）正月，以御前宁淮军统制借和州防御史程芾为大元通好使，从义郎王全副之。嘉熙二年（戊戌）

① 此文作于1925年，收入《观堂集林》卷十六。

三月己丑，命将作监周次说为大元通好使。本书所谓邹奉使即邹伸之，程大使即程芾，周奉使即周次说，是长孺随使，当在邹伸之之后、程芾之前。而邹、程奉命使北，相距才一月，中间未必更遣他使。本书所谓前纲邹奉使至时不立金帐者，疑谓伸之壬辰初使时事，而长孺则与于伸之再使之役。盖伸之初使，实衔史嵩之命，而再使时则奉朝命，故曰霆至草地时立金帐，想是以本朝皇帝亲遣使臣来，可互证也。顾伸之再使，虽奉命于甲午十二月，然其至草地已在丙申之夏。本书云，霆在燕京见差胡丞相来，黩货更可畏，下至教学行及乞儿行，亦出银作差发云云。考《皇元圣武亲征录》：甲午（太宗七年），遣忽都忽主治汉民。乙未夏，忽都忽籍到汉民一百一十一万有奇。《元史·耶律楚材传》亦纪此事，则云：丙申七月，忽都虎以民籍至云云；视《亲征录》差后一年。案，忽都忽即忽都虎，《元史·太宗纪》亦作胡土虎，本书胡丞相即谓此人。其至燕京定差发，当在乙未丙申间，而长孺适以是时留燕，则亦当在乙丙间矣。后至草地住月馀，其回程宿野狐岭，在七月十五日，则其至草地时正当盛夏。

又跋中称彭大雅为前纲书状官，则大雅当在邹伸之壬辰一行中。大雅后为四川制置副使，以贪黩获咎《宋季三朝政要》（二）：嘉熙四年，彭大雅使北。是大雅于此书成后，又膺专对之命。又《宋史》多记大雅获罪事；而《政要》则颇称大雅守蜀之功，云：彭大雅守重庆时，蜀已残破。大雅披荆棘，冒矢石，竟筑重庆城，以御利阆、蔽夔峡，为蜀之根柢。自此支吾二十年，大雅之功也。然取办迫促，人多怨之。其筑重庆也，委幕僚为记，不惬意，乃自作之曰：某年月日，守臣彭大雅筑此，为国西门。谒武侯庙，自为祝文云云。其文老成简健，闻者莫不服之。后不幸遭败而卒，蜀人怀其思，为之立庙。故其为此书，叙述简该，足征觇国之识。长孺所补，亦颇得事实。蒙古开创时，史料最少，此书所贡献，当不在《秘史》、《亲征录》之下也。乙丑十二月。

《水经注笺》跋①

余于壬戌春见南林蒋氏所藏《永乐大典》水字韵四册，乃《水经注》卷一至卷二十，即校于聚珍本上，时尚未蓄朱本也。后东轩老人复以所藏黄省曾本，属余录《大典》本异同，因并校之。及余至京师，始得朱王孙本，并见江安傅氏所藏宋刻残本，孙潜夫校本、海盐朱氏所藏明景宋抄本并校于朱本上，又录前所校《大典》本、黄本以资参考。惟前校黄本殊草草，《大典》本亦时有一二疑窦，思再见之，而东轩老人已下世，孟蘋亦亡其书，殊有张月霄晚年之感。欲再借校以毕前业，殊非易事。门人赵斐云酷嗜校书，于厂肆访得朱本，借余校本临校一过，并属记其颠末。忆余初校此书，距今仅六阅寒署，而交游之聚散，人事之盛衰，书籍之流转，已不胜今昔之感。余近年方治他业，又未能用力于此书，斐云力学，必能补校以成此书之善本。然则斐云以四阅月之力，为余校本留此副

① 此文作于1927年，收入《观堂别集》卷三。

墨，亦未始非尘劫中一段因缘也。丁卯二月。热，皆用小字旁注。案，唐写本陶隐居《本草集注序录》云："有毒无毒易知，惟冷热须明，今以朱点为热，墨点为冷，无点者是平"，而《证类本草》所引陶氏《序录》，则云"惟冷热须明，今依《本经别录》，注于本条之下"，是唐慎微所见陶《本草》，已与原本异，盖后人缘朱墨点与其有无，易于舛错，故以冷热平等字旁注之，而又恐与《序录》抵牾，遂并改《序录》原文。此卷药名朱书，而冷热用旁注，知陶《本草》于药性易朱墨点而为旁注，亦自唐已来然矣。

敦煌汉简跋二[1]

四月庚子丞吉下中（二）二（二）千郡太守诸侯相承书从事下当用者

右简亦诏书后行下之辞，而失其前诏，且语多讹阙，盖传写者之失也。以文例言之，当云：丞吉下中二千石、中二千石下郡太守、诸侯相。《史记·三王世家》：太仆臣贺请三王所立国名，制曰，“立皇子闳为齐王，旦为燕王，胥为广陵王”。四月丁酉，奏人校之，疑亦为孙、李所窜乱矣。

然朱氏此《笺》实有大功于郦书，又实亲见宋本。其方法之误，当校勘学萌芽之时，固不能免。观于戴氏之校《大典》本，固无庸深责朱氏矣。

---

① 此文收入《观堂集林》卷十七之《敦煌所出汉简跋（十四首）》。

元刊《伯生诗续编》跋

《伯生诗续编》三卷，后至元庚辰刘氏日新堂刊。案：文靖《道园学古录》刊于至正元年，《道园遗稿》刊于至正十四年。《翰林珠玉》未详刊刻时代，然已分《在朝稿》、《归田稿》，当在《学古录》之后。现存虞诗中，以此刊为最古矣。编中诗见于《学古录》者，唯卷上《送家兄孟修还江南》，卷中《商德符幽篁古木》，卷下题《织锦回文》三首，余并未见。至虞胜伯（堪）编遗稿，始多收之，疑即据是编。然如卷上《送熊太古下第归》、《牧牛歌》、《卢峰秋夕》三首，卷中《谢人惠棕雨笠》二首之一，卷下《金丹五颂》、《题能静斋明皇出游图宫词》、《西湖景手卷偶题》，共十首，并遗稿所未载，恐胜伯别有所据，未必见是编矣。卷末附叶氏《四爱堂诗卷》并文靖序，此卷亦载《皇元风雅后集》卷四。以校是编，多太玄天师、太乙子詹、厚斋、吴月湾、彭孟圭、李絅斋、吴讷山诸人题咏，而此编《谢草庭诗》前有小序，亦《风雅》所未载，盖各从原卷选录。《风雅》虽刊于至元丙子，在此刻前四年，此却非从《风雅》抄出也。文靖一序，《学古录》亦不载，惟《饯梅野诗序》，则遗稿收之耳。此刻虽出坊肆，而字画清析，可与蒋易《国朝风雅》相伯仲，在元季刊本中，实为上驷矣。丙寅仲冬。

《宫词》一绝，见《萨天锡集》。杨瑀《山居新话》亦以为天锡诗，宜胜伯不收入遗稿中也。又记。

西域井渠考[①]

今新疆南北路，通凿井取水。吐鲁番有所谓“卡儿水”者，乃穿井若干，于地下相通以行水。伯希和教授以为与波斯之地下水道相似，疑此法自波斯传来。

余谓此中国旧法也。《史记·河渠书》：武帝初“发卒万馀人穿渠，自征引洛水至商颜下。岸善崩，乃凿井，深者四十馀丈。往往为井，井下相通行水，水颓以绝商颜，东至山岭十馀里间。井渠之生自此始”。此事，史家不纪其年，然记于塞瓠子（元封二年）之前，时西域尚未通也。又，《大宛列传》云：“宛城中无井，汲城外流水。”又云：“宛城新得秦人，知穿井。”是穿井为秦人所教。西域本无此法，及汉通西域，以塞外乏水，且沙土善崩，故以井渠法施之塞下。《汉书·乌孙传》：“汉遣破羌将军辛武贤将兵万五千人至敦煌，遣使案行卑鞮侯井，欲通渠转谷，积居庐仓以讨之。”孟康曰：卑鞮侯

① 此文作于1919年，收入《观堂集林》卷十三。

井，“大井六通渠也，下流涌出，在白龙堆东土山下”。井名通渠，又有上下流，则确是井渠。《沙州图经》云：大井泽在州北十五里。引《汉书》辛武贤事云：遣使者案行，悉穿大井。是汉时井渠，或自敦煌城北直抵龙堆矣。汉于部善车师屯田处，当亦用此法。

波斯乏水，与葱岭以东略同。《北史·西域传》言波斯地多沙碛，引水灌溉，《西域记》言波刺斯国引水为田，皆不言其引水之法。刘郁《西使记》言穆锡地无水，土人隔岭凿井，相沿数十里，下通流以溉田，所言与汉井渠之法元异。盖东来贾胡，以此土之法，传之彼国者，非由彼土传来也。（元王祯《农书·农器图谱十三》“灌溉门”所载阴沟法，即古井渠之遗。明陆容《菽园杂记一》：陕西城中旧无水道，井亦不多，居民日汲水西门外。参政余公子俊知西安府时，以为关中险要之地，使城闭数日，民何以生。始凿渠城中，引灞浐水从东入西出，环甃其下以通水，其上仍为平地，迤逦作井口，使民得就以汲。此永世之利也。可见井渠之制，历代行之无废。今京师阴沟用以洩潴秽水者，亦用是法也。）

《近日东方古言语学及史学上之发明与其结论》译后记[①]

法国法兰西学院教授伯希和博士，世界东方语学文学并史学大家也。一千九百十一年冬，博士就学院中亚细亚语史学教授之职，开讲之日，实首说是篇，实举近年东方语学文学史学研究之成绩，而以一篇括之。次年八月，日本京都大学教授榊博士亮三郎译为日文，刊之《艺文杂志》，余读而善之。当光宣之际，余遇博士于京师，以为博士优于中学而已。比读此篇，乃知博士于亚洲诸国古今语无不深造，如敦煌以西迄于于阗古代所用之东伊兰语，即博士之所发见及创通者也。博士所获之中国古籍，吾友上虞罗参事既印行其大半，世当无不知博士名者。既而欧洲战事起，博士从军达达尼斯海峡，既而复有事西伯利亚。今春凯还，过沪，遇参事剧谈，凡我辈所著新印之书，无不能举其名及其大略者。军旅之中，其笃学如此。呜呼！博士之所以成就其学业

① 此文作于1919年，收入《王国维遗书》第十四册之《观堂译稿》。

者，岂偶然哉！今博士复归，就教授之职，将来贡献于世界及东方学术者，或更相倍蓰于此。然博士就职演说，迄今虽经八年，我国人士殆未有见者，故为重译，以饷学者。榊博士，日本梵语学大家，亦与余雅故，今别博士四载，别伯君且十年矣！译竟，乃记其缘起，并祝两博士之平安。己未孟秋，国维记。

书宋旧宫人诗词、湖山类稿、水云集后

周密《浩然斋雅谈》载南宋王夫人所作《满江红》词及文文山《邓中甫和作》，其词人人能道之，独不详夫人为何如人。案世传《宋旧宫人诗词》一卷，云昭仪王清惠字冲华，汪大有《水云集》及《湖山类稿》多与昭仪酬唱之作，其人《宋史》《后妃传》失载，惟《江万里传》云："帝在讲筵，每问经史疑义及古人姓名，贾似道不能对，万里从旁代对。时王夫人颇知书，帝常语夫人以为笑。"则夫人乃度宗嫔御。陈世崇《随隐漫录》云："会宁郡夫人昭仪王秋儿，顺安俞修容，新兴胡美人，资阳朱春儿，高安朱夏儿，南平朱端儿，东阳周冬儿，（中略）皆上所幸也。初在东宫，以春、夏、秋、冬四夫人直书阁为最亲，王能属文为最亲，虽鹤骨癯貌，但上即位后，批答画闻，式克钦承，皆出其手，然则王非以色事主，度皇亦悦德者也。是夫人在度宗朝已主批答，及少帝嗣位，谢后临朝，老病不能视事，夫人与闻国政，亦可想见，故入元之后，元人待遇有加。《水云集》《湖州歌》云："万里修途似梦中，天家赐予意无穷。昭仪别馆香云暖，手把诗书授国公。”礼遇之隆，亚于谢、全二后。厥后，全太后为尼，昭仪亦为女道士，亦以其与宋室至亲故也。

宋旧宫人诗词，乃王夫人以下十四人送汪水云南归，以“劝君更尽一杯酒，西出阳关无故人”十四字分韵赋诗。其实皆伪作也。水云《湖山类稿》卷三有女道士王昭仪《仙游词》，在南归诸诗之前，则水云南归时，昭仪已死，不得作诗送之也。谢皋羽《续琴操序》谓：“水云之归，旧宫人会者十八人，酾酒城隅与之别。”人数亦不与旧宫人诗词合。且十四绝句若出一手，疑元、明间人据谢皋羽《续琴操序》有旧宫人送水云事而伪撰者也。

南宋帝后北狩后事，《宋史》不详，惟汪水云《湖山类稿》尚纪一二，足补史乘之阙。《元史·世祖纪》：“至元十九年十二月乙未，中书省臣言：‘平原郡公赵与芮，瀛国公赵显、翰林直学士赵与票宜并居上都。’帝曰：‘与芮老矣，当留大都，余如所言。’继有旨给瀛国公衣粮发遣，唯与票不行。”案：是时谢、全二太后尚留大都，时谢太后年已七十，若中书有北遣之议，则世祖于福王、与芮尚怜其老，不容于谢后无辞，盖不在遣中，全太后为尼正智寺而终，亦当在大都。惟据《湖山类稿》，则水云与王昭仪实从少帝北行。《类稿》有《出居庸关》一首、《长城外》一首、《寰州道中》一首、《李陵台》一首、《苏武洲毡房夜坐》一首、《居延》一首、《昭君墓》一首、《开平云雾》一首、《天山观雪，王昭仪相邀割驼肉》一首、《草地》一首、《开平》一首、《草地寒甚，毡帐中读杜诗》一首、《阴山观猎和赵待制回文》一首，皆塞外之作。中有“王昭仪相邀割驼肉”云云，是昭仪亦在遣中。时少帝年方十二岁，谢、全二后未行，昭仪自不能不往，观于香云别馆手授诗书，则少帝教养之职，昭仪实任之，其从少帝北行，自不待言。又水云《塞外诗》中有《和赵待制回文》，此赵待制即赵与票。《元史·世祖纪》谓唯与票不行，与票当是与芮之讹，世祖怜与芮年老，而于与票无言，不应反遣与芮而留与票，且其官称翰林直学士，或称待制，皆入元后之官。元阎复撰《赵与票墓志铭》云：“至元十四年，公以驿来朝，自是入翰林为待制，为直学士。”则待制、直学士皆与票所历官。又《水云集》别有《酬方塘赵待制见赠》一首，末云：“吾曹犹未化，烂醉且穹庐。”亦系塞外之作，合此数诗观之，则在上都者实为与票，福王盖未尝行也。此为至元十九年事，至二十二年而谢太后殂，二十五年而少帝学佛法于吐蕃，唯全太后为尼，昭仪为女道士，与福王及昭仪之卒，其时皆无可考，要皆在水云南归之前，故均有诗在集中。至水云南归则在至元二十五年，其《南归对客诗》所谓“北征十三载”是也。由是观之，不独宋旧宫人诗词为伪书，即瞿佑《归田诗话》载少帝送水云南归诗，所谓“黄金台下客，底事不思家？归问林和靖，寒梅几度花？”一若少帝此时尚在大都者，可谓拙于作伪矣。

少帝入吐蕃后事，史无所言，惟元、明间盛传元顺帝为宋少帝之子，至国朝全谢山先生犹主此说。初疑此语乃南宋遗民不忘故国者所为，后读释念常《佛祖通载》，乃知其不然。《通释》纪至治三年四月，赐瀛国公合尊死于河西。案：元人之待南宋，较遇金人为优。少帝入元，历世祖、成宗、武宗、仁宗、英宗五世，其降元之岁为至元十三年，年六岁。十九年徙上都，年十二岁。二十五年学佛法于吐蕃，年始十八。至至治三年赐死于河西，年五十三，而顺帝之生适前于此三年。元人不忌之于在大都之时，而忌之于入吐蕃为僧之后；又不忌之于少壮之时，而忌之于衰老之后。此事均非人情，以事理推之，当由周王既取顺帝母子，藉他事杀之以灭口耳。又顺帝之母乃迈迪氏，生顺帝后亦未几而殂，其中消息可推而知。时周王以武宗嫡长，失职居边，以顺帝之生有天子瑞，因取为己子，正如魏豹取薄姬故事，亦不足怪。瀛国公之祸，正微示此事实。念常之书，谢山未见，他人亦从未提及，此事足为谢山诸人添一佐证，不独亦宋室三百二十年之结局而矣。

汪水云以宋室小臣，国亡北徙，待三宫于燕邸，从幼主于龙荒，其时大臣如留梦炎辈当为愧死，后世人多以完人目之，然中间亦为元官，且供奉翰林，其诗俱在，不必讳也。《湖山类稿》二有《万安殿夜直》诗云："金阙早朝天子圣，玉堂夜直月光寒。"水云集中有《送初庵传学士归田里》一首云："燕台同看雪花天，别后音书雁不传。紫阁笑谈为职长，彤闱朝谒在班前。"称严为职长，则汪亦曾为翰林院官。又有《南归后答徐雪江》一首，曰："十载高居白玉堂，陈情一表乞还乡。孤云落日渡辽水，匹马西风上太行。行橐尚留官里俸，赐衣犹带御前香。只今对客难为说，千古中原话柄长。”所云“高居白玉堂”亦指翰苑也。又《湖山类稿》《北岳降香》以下二十五首，皆水云奉敕降香途中所作。《案元史·世祖纪》，每岁以正月遣使代祀岳渎后土，惟至元二十一年所纪独详。云遣蒙古官及翰林官各一人祠岳渎后土，则代祀例遣翰林官。严为学士，即翰林官，水云或以属官同行，然观其诗意不似属官之词，殆是岁所遣二人皆出翰苑，水云与严同奉使欤？故其诗曰：“同居远使山头去，如联亲行岳顶来。”则水云在元颇为官显，故得橐留官俸，衣带御香，即黄官之请，亦非羁旅小臣所能，后世乃以宋遗民称之，与谢翱、方凤等同列，殊为失实。然水云本以琴师出入宫禁，乃倡优卜祝之流，与委质为臣者有别，其仕元亦别有用意，与方、谢诸贤迹异心同，有宋近臣一人而已。

读书记

片玉词

曩读周清真《片玉词》《诉衷情》一阕（《片玉集》《清真集》均不载）曰："当时选舞万人长，玉带小排方。喧传京国，聱价年少最无量。"按：排方、玉带，乃宋时乘舆之服。岳倦翁《愧郯录》（十二）："国朝服带之制，乘舆东宫以玉，大臣以金，勋旧间赐以玉，其次则犀则角。"此不易之制，考之典故，玉带，乘舆以排方；东宫不佩鱼，亲王佩玉鱼。大臣勋旧佩金鱼。《石林燕语》七亦云："国朝亲王皆服金带，元丰中官制行，上欲宠嘉、歧二王，乃诏赐方团玉带，著为朝仪。先是乘舆玉带皆排方，故以方团别之。二王力辞，乞宝藏于家，而不服用，不许，乃请加佩金鱼，遂诏以玉鱼赐之，亲王玉带佩玉鱼，自此始。故事，玉带皆不许施于公服，然熙宁中，收复熙河，神宗特解所系带赐王荆公，且使服以入贺。荆公力辞，久之不从，上待服而后追班，不得已受诏，次日即释去。（维案：《临川集》卷十八《荆公赐玉带谢表》末云："退藏唯谨，知燕及于云来。"知"释去"之说不妄。）大观中，收复青唐，以熙河故事，复赐蔡鲁公，而用排方。时公已进太师，上以为三师礼当异，特许施于公服。辞，乃乞琢为方团，既以为未安，或诵韩退之玉带垂金鱼之礼，告以请因加佩金鱼。（《铁围山丛谈》、《挥尘前录》所记略同。）则排方玉带，实乘舆之制，臣下未有敢服者也。且宋时臣下受玉带之赐者，可以指数：太祖时，则有李彝兴、符彦卿、王审琦、石保吉；英宗时，则有王守约（保吉、守约均以主婿赐）；神宗时，则有王安石、嘉、岐二王；徽宗时，则有蔡京、何执中、郑居中、王黼、蔡攸、童贯、赵仲忽；钦宗时，则有李纲（上皇所赐）；南宋得赐者，文臣则有张浚、秦桧、史浩、史弥远、郑清之、贾似道；宗室则有居广士、镉珙伯圭、师揆、师弥。勋臣则有刘光世、张俊、杨存中、吴璘；外戚则有吴益、谢渊、杨次山（何执中以下五人赐玉带事，见《石林燕语》、史弥远、赵师揆见《四朝闻见录》、贾似道、师弥，见《癸辛杂志》、余见《宋史》本传及《玉海》卷八十六）。此外罕闻。唯《太祖纪》载建隆元年正月，以犀玉带偏赐宰相、枢密使及诸军列校，此行佐命之赏，未可据为典要。又《梦溪笔谈》二十二云："丁晋公从车驾巡幸，礼成、有诏赐辅臣玉带。时辅臣八人，行在祗候库只有七带。尚衣有带，谓之'比玉'，价直数百万。上欲以赐辅臣，以足其数。"《容斋随笔》四驳之曰："景德元年，真宗巡幸西京。大中祥符元年，巡幸太山。四年，幸河中。丁谓皆为行在三司使，未登政府。七年，幸亳州，谓始以参知政事从。时辅臣六人：王旦、向敏中为宰相，王钦若、陈尧叟为枢密使，皆在谓上，谓之下尚有枢密副使马知节，即不与此说合，且既为玉带，而又名‘比玉’，尤可笑。”洪氏之言如此。案：《宋史》《真宗纪》：“大中祥符二年五月癸亥，以封禅庆成，赐宗室辅臣袭衣金带器币。”不云“玉带”。《旧闻证误》四引某书，谓“真宗尝遍以玉带赐两府大臣，”盖亦袭《笔谈》之误。夫以乘舆御服，大臣所不得赐，宰相亲王所不敢服，僭侈如蔡京，犹必琢为方团，加以金鱼而后敢用，何物倡优，乃以此自炫于万人之中，此事诚不可解，盖尝参互而得其说焉。《宋史》《舆服志》：“太平兴国七年，翰林学士承旨李昉奏，奉诏详定车服制度，请从三品以上服玉带。”《旧闻证误》四引《庆元令》云：“诸带三品以上得服玉，臣寮在京者，不得施于公服。”盖宋时便服并无禁令，故东坡曾以玉带施元长老，有诗见集中（《东坡集》十四）。其二曰：“此带阅人如传舍，流传到我亦悠哉。锦袍错落真相称，乞与佯狂老万回。”味其诗意，不独东坡可服，似了元亦可服矣，至顺《镇江志》十九载此事云：“公便服入方丈。”又云：“师急呼侍者收公所许玉带。”则为便服束带之证。东坡赠陈季常《临江仙》词云：“细马远驮双侍女，青巾玉带红靴。”亦其一证。陈后山《谈丛》后三集十九亦云：“都市大贾赵氏，世居货宝，言玉带有刻文者，皆有疵疾，以蔽映耳，美玉盖不琢也。比岁杭扬二州化洛石为假带，色如瑾瑜，然可辨者。以其有光也。”观此，知宋时上下便服，通用玉带，故人能辨之。漫至倡优服饰，上僭乘舆，虽云细事，亦可见哲、徽以后政刑之失矣。

曩作《清真先生遗事》，颇辨《贵耳集》、《浩然斋雅谈》记李师师事之妄。今得李师师金带一事，见于当时公牍，当为实事。案《三朝北盟会编》三十：“靖康元年正月十五日圣旨：‘应有官无官诸色人，曾经赐金带，各据前项所赐条数自陈纳官。如敢隐蔽，许人告犯，重行断遣。’后有尚书省指挥云：‘赵元奴、李师师、王仲端，曾经祗候倡优之家，（中略）曾经赐金带者，并行陈纳。”当时名器之滥如是，则玉带排方，亦何足为怪。颇疑此词或为师师作矣。然当时制度之紊，实出意外。《老学庵笔记》（一）言：“宣和间、亲王公主及他近属戚里入官，辄得金带关子。得者旋填姓名卖之，价五百千，虽卒伍屠酤，自一命以上，皆可得。”方腊破钱唐时，太守客次，有服金腰带者数十人，皆朱勔家奴也。时谚曰：“金腰带，银腰带，赵家天下朱家坏。”然则徽宗南狩时，尽以太宗时紫云楼金带赐蔡攸、童贯等（见《铁围山丛谈》六），更不足道。以公服而犹若是，则便服之僭侈，更何待言。国家将亡，必有妖孽，殆谓是欤？

桂翁词

《桂翁词》六卷（后题作《玉堂馀兴》），《欧园新曲》一卷，明刊本，不题作者姓名，实贵溪夏文愍公言所作乐府也。前有吴一鹏、费寀、□仪三序。后有皇甫涝、石迁高二跋。目录后有二行，曰“嘉靖丙寅仲夏，金陵双泉童氏梓行”。第三序缺末页，自称名曰仪，中云：“壬寅岁，仪缪领霸州之命，公属词书扇以为赠言。”今卷四中有“赠杨正郎仪升霸州兵备副使”《减字木兰花》一阕，知即常熟杨梦羽作也。杨序云：“元相《桂翁词》六卷，初刻于吴郡，再刻于铅山，三刻于闽中。”吴郡本据吴序、皇甫跋、刊于嘉靖戊戌；铅山本据费序，刊于辛丑；闽本不见序跋，不识刊于何年。又据大名府知府石迁高跋，则庚子岁；畿南似亦有刊本，杨序略之。杨刻最后，在文愍再召之岁，始增《鸥园新曲》。此本又复刊杨本。是嘉靖一朝，前后三十年间已六付剞劂，古今词家未曾有也。有明一代，乐府道衰，写情扣舷，尚有宋、元遗响。仁、宣以后，兹事几绝，独文愍以魁硕之才，起而振之，豪壮典丽，与于湖、剑南为近。方其得路，入正郊庙，出扈禁跸。一词朝传，万口暮诵，同时名公皆摹拟其体格，门生故吏争相传刻。虽居势使然，抑其风采文采，自有以发之者欤？洎夫再秉钧衡，独任边事，主疑于上，谗间于下，至于白首而对狱吏，朝衣而赴东市，进无帷盖之报，退靡盘水之恩，君臣之际，斯为酷矣！帝杀其躯，天夺其胤，怙权不如介溪，而刑祸为深；文采过于钤山，而著述独晦：身后之事，又可悲矣。然没不二十年，南都坊肆，乃复梓其遗集。维时永陵倦勤，华亭当国，虽靡投鼠之忌，宁无吠尧之嫌，岂文章事业，自有公论，有不可泯灭者欤？又以知生前诸刻，非尽出于属吏之贡谀也。此本旧藏怡邸，有明善堂书画印记、安乐堂藏书记二印。

花间集

《花间集》十卷，明复刊宋本。前有蜀广政三年武德军节度判官欧阳炯序，后有绍兴十八年济阳晁廉之跋。炯为孟蜀宰相，蜀亡，入宋为翰林学士。一作欧阳炳。苏易简《续翰林志》下谓："学士放诞，则有王著、欧阳炳。"又云："炳以伪蜀顺化，旋召入院，尝不巾不袜，见客于玉堂之上。尤善长笛，太祖尝置酒，令奏数弄。后以右貂终于西洛。"又作欧阳迥。《学士年表》："欧阳迥，乾德三年八月以左散骑常侍拜。（前曰"右貂"，此云"左散骑常侍"，"左"、"右"必有一误）开宝四年六月，以本官分司西京，罢。"则与炳自为一人。此本与聊城杨氏所藏鄂州本，均作欧阳炯，恐炯字不误，炳与迥因避太宗嫌名而追改也。集中词十八家，温助教、皇甫先辈、韦相之次，有薛侍郎昭蕴。按：《唐书·薛廷老传》："廷老子保逊，保逊子昭纬，乾宁中至礼部侍郎，性轻率，坐事贬磎州刺史。"旧书略同。《北梦琐言》十："唐薛澄州昭纬，即保逊之子，恃才傲物，亦有父风。每入朝省，弄笏而行，旁若无人。好唱《浣溪沙》词。"今此集载昭蕴词十九首，其八首为《浣溪沙》。又称为薛侍郎，恐与昭纬为一人。"纬"、"蕴"二字，俱从系，必有一误也。李洵，则鄂州本作李珣，毛本亦同。《鉴诫录》四："李珣，字德润，本蜀中土生波斯也。少小苦心，屡称宾贡。所吟诗句，往往动人。尹校书（鹗）者、锦城烟月之士也，与李生常为善友。遽因戏遇嘲之，李生文章扫地而尽。”诗曰：“异域从来不乱常，李波斯强学文章。假饶折得东堂桂，胡臭薰来也不香。”《黄休复茅亭客话》亦纪其为波斯人，以异域之人，而所造若此，诚为异事。王灼《碧鸡漫志》屡称珣《琼瑶集》，其所举《倒排甘州》、《河满子》、《长命女》、《喝驮子》四首，均此集与《尊前集》所未载。则南宋之初，蜀中尚有此书，未识佚于何时也。唐、五代人词有专集者，《南唐二主词》、《阳春集》，均宋人所编。飞卿《金筌词》，则系赝本。《金荃词》一卷，虽见顾嗣立《温飞卿诗集跋》谓有宋本，未知可信否。和凝《红叶稿》之名，则系竹垞杜撰。《凝红茱编》五卷，见于宋志者，乃制诰之文（焦竑《国史经籍志》列之制诰类，其书竑时已亡，殆由其名定之是也）。非词集，亦非《红叶稿》也，唯珣《琼瑶集》，见于宋人所记，当为词人专集之始矣。

尊前集

《尊前集》二卷，明刊本，题明嘉禾顾梧芳编次，东吴史叔成释。前有万历壬午梧芳自序，盖其自刊本也。梧芳序云：“余素爱《花间集》，胜《草堂诗馀》，欲播传之。曩岁刻于吴兴茅氏，兼有附补。而余斯编，第有类焉。”其意盖以为自编也。毛氏《词苑英华》重刊此本，跋曰：“雍、熙间，有集唐末五代词命名《家宴》，为其可以侑觞也。又有名《尊前集》者，殆亦类此，惜其本不传。嘉禾顾梧芳氏采录名篇，厘为二卷，仍其旧名”云云。则毛氏亦以此为梧芳自编也。唯朱竹垞《曝书亭集》跋此本则云：“康熙辛酉冬，余留白下，有持吴文定公手抄本告售，书法精楷，卷首识以私印。取刊本勘之，词人之先后，乐章之次第，靡有不同，始知是集为宋初人编辑。”《四库总目》亦采其说，而颇以其名不见宋人书目为疑。余按：《碧鸡漫志》、《清平乐》、《麦秀两歧》二条下，均引《尊前集》，《直斋书录解题》、《阳春录》条下引崔公度序云：“《花间》、《尊前》，往往谬其姓氏。”则宋时固有此书矣。且《南唐二主词》为高孝间人所辑，而《虞美人》以下八首，《蝶恋花》、《菩萨蛮》二首，皆注见《尊前集》。今此本皆有之，唯阙《临江仙》一首，（恐顾氏以有阙字删去）则南宋人所见之本，与此本略同，至编次出何人手，不见记载。唯《历代诗馀》引《古今词话》云：“赵崇祚《花间集》载温飞卿《菩萨蛮》甚多，合之吕鹏《尊前集》，不下二十阕（按《古今词话》，一为宋杨湜撰，一为国朝沈雄撰。杨书已佚。颇散见宋人书中。此系不知杨书或沈书，然当有所本）则以此集为吕鹏作。吕鹏亦罕见记载。黄昇《花庵词选》李白《清平乐》下注：“按：唐吕鹏《遏云集》，载应制词四首，后二首无清逸气韵，疑非太白所作。”今此本所载太白应制《清平乐》有五首，则与吕鹏《遏云集》不合。又欧阳炯《花间集序》云：“明皇朝有李白应制《清平乐》四首。”则唐末宋初只有四首，末首自系后人羼入，然则此本虽非梧芳所编，亦非吕鹏之旧矣。此本前有酝舫朱文长印，即竹垞旧藏。而竹垞跋此书，乃云："不著编次人姓氏。"殆作跋时，未检原书，抑欲伸其宋初人编辑之说，故没其事也，不知明人所题编次纂辑等语，全不足据。此本亦题东吴史叔成释，何尝"释"一字耶？拈出此事，可供目录家一粲也。

草堂诗余

新刊《古今名贤草堂诗馀》（此疑宋人旧题）四卷，前有嘉靖己酉李谨序。序后有总目卷一标题。下有"皇明进士知歙县事四会南津李谨纂辑，歙县教谕秀州曾丙校次，歙丞、饶余、刘时济梓行"三行。卷四末有刘时济跋。李序及总目标题下，均有"三衢童子山刊行"一行。宣统己酉得于京师。按《草堂诗馀》行世者，以毛氏《词苑英华》本为广，次则沈际飞本，次则乌程闵氏朱墨本。近四印斋刻天一阁旧抄明嘉靖间、闽沙太学生陈钟秀校刊本，世已惊为秘笈。余所见此书，别本独多：一嘉靖庚戌顾从敬刊本，一嘉靖末安肃荆聚刊本，一万历李廷机刊本，一嘉靖己酉李谨刊本，即此本也。荆聚本在唐风楼罗氏，馀三本均在敝箧。综而观之，可分为二类：一分调编次者，以顾从敬本为首，李廷机、闵□□、沈际飞、毛晋诸本祖之；一分类编次者，此本与陈钟秀本、荆聚本皆是。然此三本，又自不同：陈钟秀本二卷，而此本与荆聚本则俱四卷。陈本分时令、节序、怀古、人物、人事、杂咏六类，而此本则首天时、次地理、次人物、次人事、次器用、次花鸟，亦为六类，次第亦复不同。陈本故有注，王氏重刊时已删去大半。荆聚本亦有注，讹脱殊甚。唯此本正文注文，首尾完具。故分调编次之本，以顾本为最善，分类编次之本，当以此本为最善矣。至分调与分类二种，孰先孰后，尚一疑问。顾本与此本同为四卷，均与《书录解题》卷数不合。顾本据何元朗序，谓出顾氏家藏宋本，比世所行多三十馀调，近临桂王鹏运始疑为明人羼乱之本。书中题武陵顾从敬编次，似其确证。然明人所题编次纂辑等语，全不足据，已于跋《尊前集》时言之。今按：王楙《野客丛书》二十四云："《草堂诗馀》载张仲宗《满江红》词。'蝶粉蜂黄都褪却'，注：蝶粉蜂黄，唐人宫妆。"李本无此词，顾本则题周美成，在张仲宗、晁无咎二词之后。今《清真集》、《片玉集》、《片玉词》均有此词（程大昌《演繁露续集》四亦以此为美成词），自系周作。其误以为张仲宗者，殆王楙所见，已为分调编次之本，或原脱人名，或因其前后相接而误忆也。则顾本出宋本之说，自尚可信。否则，张词题为《春暮》，当入时令类，周词题为《春闺》，当入人事类，二词虽同一调，无从牵合也。至此本编次，与周邦彦《清真集》、《片玉集》、赵长卿《惜香乐府》相同，自是宋人体例。注虽芜累，分明出宋人手。如卷四东坡《水龙吟》《咏笛》词"梁州初遍"，注曰："初遍，谓如今乐府诸大曲凡数十解，于撷前则有排遍，撷后则有延遍，初遍岂非排遍之首解。"云云。此数语，证以史浩《鄮峰真隐漫录》卷四十五所有大曲，无一不合，非元以后人所能知，自系宋人之注。即云此注采之他书，然傅干注坡词，与顾禧补注东坡长短句，元时已少见，又元延祐本《东坡乐府》，亦无注解，则定为宋人所注，当无大误。要之，宋时此书，必多别本，故顾本与此本，编次绝殊，不碍其为皆出宋本。然在宋本之中，则此先彼后，自有确证。顾本每词必有一题，勘以宋人本集，往往不合。然细考之，则顾本之题，如春景、夏景、秋景、冬景、春恨、春闺、立春、元宵之属，皆此本六大目之子目，是分调之时，必据分类本，而以其子目冠于词上，踪迹甚明。此实先有分类，后有分调本之铁案也。又顾本附词话若干条，皆见此本注中，殆祖本亦有注，而顾重刊时删去欤？

书辜氏汤生英译《中庸》后

古之儒家，初无所谓哲学也。孔子教人，言道德，言政治，而无一语及于哲学。其言性与天道，虽高第弟子如子贡，犹以为不可得而闻，则虽断为未尝言焉可也。儒家之有哲学，自《易》之《系辞》、《说卦》二传及《中庸》始。《易传》之为何人所作，古今学者，尚未有定论。然除传中所引孔子语若干条外，其非孔子之作，则可断也。后世祖述《易》学者，除扬雄之《太玄经》、邵子之《皇家经世》外，亦曾无几家。而此数家之书，亦不多为人所读，故儒家中此派之哲学，未可谓有大势力也。独《中庸》一书，《史记》既明言为子思所作，故至于宋代，此书遂为诸儒哲学之根柢。周子之言“太极”，张子之言“太虚”，程子、朱子之言“理”，皆视为宇宙人生之根本，与《中庸》之言诚无异，故亦特尊此书，跻诸《论》、《孟》之例。故此书不独如《系辞》等传表儒家古代之哲学，亦古今儒家哲学渊源也。然则辜氏之先译此书，亦可谓知务者矣。

然则孔子不言哲学，若《中庸》者又何自作乎？曰《中庸》之作，子思所不得已也。当是时略后孔子而生，而于孔子之说外，别树一帜者老氏（老氏之非老聃，说见汪中《述学》补遗）、墨氏。老氏、墨氏亦言道德，言政治，然其说皆归本于哲学。夫老氏道德政治之原理，可以二语蔽之曰："虚"与"静"是已。今执老子而问以人何以当虚当静，则彼将应之曰：天道如是，故人道不可不如是，故曰："致虚极，守静笃，万物并作。"（《老子》十二章）此虚且静者，老子谓之曰"道"。曰："有物混成，先天地生，寂兮寥兮，独立不改，（中略）吾不知其名，字之曰道（二十五章）由是其道德政治之说，不为无据矣。墨子道德政治上之原理，可以二语蔽之曰："爱"也，"利"也。今试执墨子而问以人何以当爱当利，则彼将应之曰：天道如是，故人道不可不如是。故曰："天兼而爱之，兼而利之。"又曰："天必欲人之相爱相利，而不欲人之相恶相贼。"（墨子《法仪篇》）则其道德政治之说，不为无据矣。虽老子之说虚静，求诸天之本体，而墨子之说爱利，求诸天之意志，其间微有不同，然其所以自固其说者，则一也。孔子亦说仁说义，又说种种之德矣。今试问孔子以人何以当仁当义，孔子固将由人事上解释之。若求其解释于人事以外，岂独由孔子之立脚地所不能哉，抑亦其所不欲也。若子思则生老子、墨子后，比较他家之说，而惧乃祖之教之无根据也，遂进而说哲学以固孔子道德政治之说。今使问子思以人何以当诚其身，则彼将应之曰：天道如是，故人道不可不如是，故曰："诚者物之终始，不诚无物。”其所以为此说者，岂有他哉，亦欲以防御孔子之说，以敌二氏而已。其或生二子之后，濡染一时思辨之风气，而为此说，均不可知。然其方法之异于孔子，与其所以异之原因，不出于此二者，则固可决也。

然《中庸》虽为一种之哲学，虽视诚为宇宙人生之根本，然与西洋近世之哲学，固不相同。子思所谓诚，固非如裴希脱（Fichte）之“ego”，解林（Schelling）之“absolut”，海格尔（Hegel）之“idea”，叔本华（Schopenhaue）之“wil”，哈德曼（Hartmann）之“unconscious”也。其于思索，未必悉皆精密，而其议论，亦未必尽有界限。如执近世之哲学，以述古人之说谓之弥缝古人之说则可，谓之忠于古人则恐未也。夫古人之说，固未必悉有条理也，往往一篇之中，时而说天道，时而说人事。岂独一篇中而已，一章之中，亦复如此。幸而其所用之语，意义甚为广漠，无论说天说人时，皆可用此语，故不觉其不贯串耳。若译之为他国语，则他国语之与此语相当者，其意义不必若是之广，即令其意义等于此语，或广于此语，然其所得应用之处，不必尽同，故不贯串不统一之病，自不能免。而欲求其贯串统一，势不能不用意义更广之语，然语意愈广者，其语愈虚。于是古人之说之特质渐不可见，所存者其肤廓耳。译古书之难，全在于是。如辜氏此书中之译“中”为“our true self”，“和”为“moral order”，其最著者也。余如以“性”为“law of our being”，以“道”为“moral law”，亦出于求统一之弊。以吾人观之，则“道”与其谓之“moral law”，宁谓之“moral order”。至“性”之为“law of our being”，则“law”之一字，除与“moral law”之“law”字相对照外，于本义上固毫不需此，故不如译为“essence of our being or our true nature”之妥也。此外如此类者，尚不可计。要之，辜氏此书，如为解释《中庸》之书，则吾无间然，且必谓我国之能知《中庸》之真意者，殆未有过于辜氏者也。若视为翻译之书，而以辜氏之言即子思之言，则未敢信以为善本也。其他种之弊，则在以西洋之哲学解释《中庸》。其最著者，如“诚则形，形则著”数语，兹录其文如左：

> Where there is truth, there is substance. Where there is substance, there is reality. Where there is reality, there is intelligence. Where there is intelligence, there is power. Where there is power, there is influence. Where there is influence, there is creation.

此等明明但就人事说，郑注与朱注大概相同，而忽易以“substance”、“reality”等许多形而上学上之语（metaphysical terms），岂非以西洋哲学解释此书之过哉。至“至诚无息”一节之前半，亦但说人事，而无“息久征悠远博厚高明”等字，亦皆以形而上学之语译之，其病亦与前同。读者苟平心察之，当知余言之不谬也。

上所述二项，乃此书中之病之大者，然亦不能尽为译者咎也。中国语之不能译为外国语者，何可胜道！如《中庸》之第一句，无论何人，不能精密译之。外国语中之无我国“天”字之相当字，与我国语中之无“God”之相当字无以异。吾国之所谓“天”，非苍苍者之谓，又非天帝之谓，实介二者之间，而以苍苍之物质具天帝之精神者也。“性”之字亦然。故辜氏所译之语，尚不失为适也。若夫译“中”为“our true self or moral or der”，是亦不可以已乎。里雅各（James Legge）之译“中”为“mean”，固无以解“中也者天下之大本”之“中”，今辜氏译“中”为“our true self”又何以解“君子而时中”之“中”乎！吾宁以里雅各氏之译“中”为“Maen”，犹得《中庸》一部之真意者也。夫“中（Mean）”之思想，乃中国古代相传之思想。自尧云“执中”，而皋陶乃衍为“九德”之说，皋陶不以宽为一德，栗为一德，而以二者之中之宽而栗为一德，否则当言十八德，不当言九德矣。《洪范》“三德”之意亦然。此书中《尊德性》一节，及《问强》、《索隐》二章，尤在发明此义。此亦本书中最大思想之一，宁能以“our ture self or our central self”空虚之语当之乎？又岂得以类于雅里士多德（Aristotle）之《中说》而唾弃之乎？余所以谓失古人之说之特质，而存其肤廓者，为此故也。辜氏自谓涵泳此书者且二十年，而其“涵泳”之结果如此，此余所不能解也。余如“和”之释为“moral order”也，“仁”之释为“moral sense”也，皆同此病。要之，皆过于求古人之说之统一之病也。至全以西洋之形而上学释此书，其病反是。前病失之于减古书之意义，而后者失之于增古书之意义。吾人之译古书如其量而止则可矣或失之减，或失之增，虽为病不同，同一不忠于古人而已矣。辜氏译本之病，其大者不越上二条，至其以己意释经之小误，尚有若干条。兹列举之如左：

（一）“是以君子戒慎乎其所不睹，恐惧乎其所不闻”辜氏译为：

Wherefore it is that the moral man watches diligently over what his eyes cannot see and is in fear and awe of what his ears can not hear.

其于“其”字“一”字之训，则得矣，然中庸之本意，则亦言不自欺之事。郑玄注曰：无声，犹戒慎恐惧自修，正是其不须臾离道。

小人闲居为不善，无所不至也。君子则不然，虽视之无人，听之

朱注所谓“虽不见闻，亦不敢忽”。虽用模棱之语，然其释“独”字也曰：

独者，人所不知而己所独知之地也。

则知朱子之说，仍无以异于康成，而辜氏之译语，其于“其”字虽妥然涵泳全节之意义，固不如旧注之得也。

（二）“隐恶而扬善”辜氏译之曰：

> He looked upon evil merely as something negative, and he recognised only what was good as having positive existence.

此又以西洋哲学解释古书，而忘此节之不能有此意也。夫以“恶”为“negative”，“善”为“positive”，此乃希腊以来哲学上一种之思想。自斯多噶派（Stoics）及新柏拉图派（Neo Platonism）之辨神论（Theodicy），以至近世之莱布尼兹（Leibnitz）皆持此说，不独如辜氏注中所言大诗人沙士比亚（Shakespeare）及葛德（Goethe）二氏之见解而已。然此种人生观，虽与《中庸》之思想非不能相容，然与好问察言之事，有何关系乎？如此断章取义以读书，吾窃为辜氏不取也。且辜氏亦闻《孟子》之语乎？《孟子》曰：

> 大舜有大焉，善与人同。舍己从乐人，取于人以为善。此即好问二句之真注脚。至其译“执其两端，用其中于民”，乃曰：
>
> Taking the two extremes of positive and negative, he applied the mean between the two extremes in his judgement, employment and dealings with people.

夫云“to take the two extremes of good and evil”（执善恶之中），已不可解，况云“taking the two extremes of positive and negative”乎？且如辜氏之意，亦必二者皆“positive”，而后有“extremes”之可言。以“positive”及

"negative"为"two extremes"，可谓支离之极矣。今取朱注以比较之曰：

> 然于其言之未善者，则隐而不宣，其善者则播而不匿，（中略）于善之中，又执其两端，而量度以取中，然后用之。

此二解之孰得孰失，不待知者而决矣。

（三）"天下国家可均也"辜氏译为：

> A man may be able to renounce the possesion of Kingdoms and Empire.

而复注之曰：

> The word "均" in text above, literally "even, equally divided" is here used as a verb "to be indifferent to"（平视）, hence to renounce.

然试问"均"字果有"to be indifferent to（漠视）"之训否乎？岂独"均"字无此训而已，即"平视"二字（出《魏志 · 刘桢传》注），亦曷尝训此。且即令有此训，亦必有二不相等之物，而后可言均之平之。孟子曰："舜视弃天下犹弃敝屣也。"故若云天下敝屣可均，则辜氏之说当矣。今但云“天下国家可均”，则果如辜氏之说，将均天下国家于何物者哉。至“to be indifferent to”，不过外国语之偶有均字表面之意者，以此释“均”，苟稍知中国语者，当无人能首肯之也。

（四）“君子之道，造端乎夫妇。及其至也，察乎天地。”郑注曰：

> 夫妇谓匹夫匹妇之所知所行。

其言最为精确。朱子注此节曰“结上文”，亦即郑意。乃辜氏则译其上句曰：

> The moral law takes its rise in relation between man and woman.

而复引葛德《浮斯德》戏曲（*Faust*）中之一节以证之，实则此处并无此意，不如旧注之得其真意也。

（五）辜氏于第十五章以下，即译《哀公问政》章（朱注本之第二十章），而继以《舜其大孝》、《无忧》、《达孝》三章。又移《鬼神之为德》一章于此下，然后继以《自诚明》章。此等章句之更定，不独有独断之病。自本书之意义观之亦决非必要也。

（六）辜氏置《鬼神》章于《自诚明》章之上，当必以此章中有一“诚”字故也。然辜氏之译“诚”之不可掩也，乃曰：

Such is evidence of things invisible that it is impossible to doubt the spirtual nature of man.

不言“诚”字，而以鬼神代之，尤不可解。夫此章之意。本谓鬼神之为物，亦诚之发现，而乃译之如此。辜氏于此际，何独不为此书思想之统一计也。

（七）“身不失天下之显名，尊为天子，富有四海之内，宗廟享之，子孙保之。”此数者，皆指武王言之。朱注：“此言武王之事是也。”乃辜氏则以此五句别为一节，而属之文王，不顾文义之灭裂，甚矣其好怪也！辜氏独断之力如此，则更无怪其以武王未受命，为文王未受命，及周公成文、武之德，为周公以周之王成于文、武之德也。

（八）“礼所生也”之下“居下位”三句，自为错简，故朱子亦从郑注。乃辜氏不认此处有错简，而意译之曰：

For unless social inequalities have a true and moral basis, government of the people is an impossibility.

复于注中直译之曰：

Unless the lower orders are satisfied with those above them, government of the people is an impossibility.

复于下节译之曰：

> If those in authority have not the confidence of those under them, government of the people is an impossibility.

按“不获乎上”之意，当与《孟子》“是故得乎邱民而为天子，得乎天子为诸候，得乎诸侯为大夫”，及“不得乎君则热中”之“得”字相同。如辜氏之解，则经当云“在上位不获乎下”，不当云“在下位不获乎上”矣。但辜氏之所以为此解者，亦自有故。以若从字句解释，则与上文所云“为天下国家”，下文所云“民不可得而治”不相容也。然“在下位”以下，自当如郑注别为一节，而“在下位者”即云“在位”，则自有治民之责，其间固无矛盾也，况《孟子》引此语亦云“居下位而不获于上，民不可得而治也”乎。要之此种穿凿，亦由求古人之说之统一之过也。

（九）“王天下有三重焉，其寡过矣乎”辜氏译之曰：

> To attain to the sovereignty of the world, there are three important things necessary； they may perhaps be summed up in one: blame lessness of life.

以三重归于一重，而即以“寡过”当之，殊属非是。朱子解为“人得寡过”固非，如辜氏之解，更属穿凿。愚按：此当谓王天下者，重视仪礼、制度、考文三者，则能寡过也。

（十）“上焉者，虽善无征，无征不信，不信民弗从。下焉虽善不尊，不尊不信，不信民弗从。”此一节承上章而言，“无征”之“征”即“夏礼、殷礼不足征”之“征”。故《朱子章句》解为“虽善而皆不可考”是也。乃辜氏译首二句曰：

> However excellent a system of moral truth appealing to Supernatural authority may be, it is not verifiable by experience.

以“appealing to supernatural authority”释“上”字，穿凿殊甚。不知我国古代固无求道德之根本于神意者，就令有之，要非此际子思之所论者也。

至辜氏之解释之善者，如解“凡为天下国家有九经，所以行之者一也”之“一”为“豫”，此从郑注而善者，实较朱注更为直截。此书之不可没者唯此一条耳。

吾人更有所不慊者，则辜氏之译此书，并不述此书之位置如何，及其与《论语》诸书相异之处，如余于此文首页之所论。其是否如何，尚待大雅之是正，然此等问题，为译述及注释此书者所不可不研究明矣。其尤可异者，则通此书无一语及于著书者之姓名，而但冠之曰孔氏书。以此处《大学》则可矣，若《中庸》之为子思所作，明见于《史记》，又从子思再传弟子孟子书中，犹得见《中庸》中之思想文字，则虽欲没其姓名，岂可得也！又译者苟不信《中庸》为子思所作，亦当明言之，乃全书中无一语及此，何耶？要之，辜氏之译此书，谓之全无历史上之见地可也。唯无历史上之见地，遂误视子思与孔子之思想全不相异；唯无历史上之见地，故在在期古人之说之统一；唯无历史上之见地，故译子思之语以西洋哲学上不相干涉之语。幸而译者所读者，西洋文学上之书为多，其于哲学所入不深耳。使译者而深于哲学，则此书之直变为柏拉图之《语录》、康德之《实践理性批评》，或变为裴希脱《解林》之书，亦意中事。又不幸而译者不深于哲学，故译本中虽时时见康德之《知识论》，及伦理学上之思想，然以不能深知康德之《知识论》，故遂使西洋形而上学中空虚广莫之语，充塞于译本中。吾人虽承认中庸为儒家之形而上学，然其不似译本之空廓，则固可断。也又译本中为发明原书故多引西洋文学家之说。然其所引证者，亦不必适合。若再自哲学上引此等例，固当什伯千万于此。吾人又不能信译者于哲学上之知识狭隘如此，宁信译者以西洋通俗哲学为一蓝本，而以中庸之思想附会之，故务避哲学家之说，而多引文学家之说，以使人不能发见其真藏之所在。此又一说也。由前之说则失之固陋；由后之说，则失之欺罔。固陋与欺罔，其病虽不同，然其不忠于古人则一也。故列论其失，世之君子或不以余言为谬乎。

此文作于光绪丙午，曾登载于上海《教育世界杂志》。此志当日不行于世，故鲜知之者。越二十年，乙丑夏日，检理旧箧，始得之。《学衡杂志》

编者请转载，因复览一过。此文对辜君批评颇酷，少年习气，殊堪自哂。案辜君雄文卓识，世间久有定论，此文所指摘者，不过其一二小疵。读者若以此而抹杀辜君，则不独非鄙人今日之意，亦非二十年前作此文之旨也。国维附记。

王国维自述

第四编

散记五篇

墨妙亭记

昔宋孙莘老守湖州，尝集郡内自汉以来古文遗刻，为墨妙亭子府第之北，而东坡先生为之记。元乐善居士顾信，亦集其师松雪翁之书，刻诸其亭之壁，而名之曰“墨妙”。国朝顾湘舟（沅），又集明代诸贤小像墨迹，多至数百通，复以“墨妙”名其亭，于是兹名凡三用矣。湖郡遗刻，今无片石存者，松雪翁之书，世多有之，而顾氏所刻者尽亡，独湘舟所集古人小像，刻于吴中沧浪亭者，岿然尚存。其墨迹虽更兵燹，然其中烜赫者百余通，今归于日本久野元吉君。君又益以国朝名人墨迹，为亭储之，仍从其旧主人之所以名之者，而属余为之记。昔东坡之记是亭也，假客之言，谓：“有物必归于尽，虽金石之坚，俄而变坏。至于功名文章，其传世垂后，犹为差久。今乃以此托于彼，是久存者反求助于速坏，以此致疑于莘老，而自以知命者必尽人事释之。”今湖州石刻，与亭俱亡，而墨妙亭之名，反藉东坡之文以传，则东坡之言信矣。夫古之有德行政事学问文章者，固不藉金石翰墨以为重。苟非其人，则其金石翰墨虽存，仅足为学者考古之资，其流传之途，固已隘，而其入于人心者，固已浅矣。若是者，世固亦听其存亡，而反乐取夫德行政事学问文章，其力自足以传后者之金石翰墨而宝之。何者？彼之志节度量，固与世绝殊，故其发于金石翰墨者，不因其人亦足以自存于天壤，况其德行政事学问文章，又足以垂世而行远也。久野君之所储，其人皆足以自传，其发诸翰墨者，亦皆焕乎其有文，渊乎其有味，使人得窥其树立之所以然。与夫载籍之所不能纪，虽所托者无金石之坚，吾知其精神意度，必百世不可摩灭，宜君之构斯亭以奉之也。抑乐善居士所汇刻者，松雪一人之书耳。莘老所集者稍广，亦止吴兴一郡、湘舟之藏。殆网罗有明一代之名迹，而君复以国朝人益之，以两朝人之墨迹，萃于斯亭，君之嗜古，固前无孙、顾。余也不肖，乃从东坡之后为君记斯亭，故略广东坡之意，以为君之所为，非徒尽人事而已。壬子九月。

此君轩记

竹之为物，草木中之有特操者与？君居而不倚，虚中而多节，可折而不可曲，凌寒暑而不渝其色。至于烟晨雨夕，枝梢空而叶成滴，含风弄月，形态百变，自渭川淇澳千亩之园，以至小庭幽榭三竿两竿，皆使人观之。其胸廓然而高，渊然而深，泠然而清，挹之而无穷，玩之而不可亵也。其超世之致，与不可屈之节，与君子为近，是以君子取焉。古人君子，其为道也盖不同，而其所以同者，则在超世之致，与不可屈之节而已。其观物也，见夫类是者而乐焉，其创物也，达夫如是者而后慊焉。如屈子之于香草，渊明之于菊，王子猷之于竹，玩赏之不足而咏叹之，咏叹之不足而斯物遂若为斯人之所专有，是岂徒有托而然哉！其于此数者，必有以相契于意言之表也。善画竹者亦然。彼独有见于其原，而直以其胸中潇洒之致，劲直之气，一寄之于画，其所写者，即其所观；其所观者，即其所畜者也。物我无间，而道艺为一，与天冥合，而不知其所以然。故古之工画竹者，亦高致直节之士为多。如宋之文与可、苏子瞻，元之吴仲圭是已。观爱竹者之胸，可以知画竹者之胸，知画竹者之胸，则爱画竹者之胸亦可知也已。日本川口国次郎君，冲澹有识度，善绘事，尤爱墨竹。尝集元吴仲圭，明夏仲昭、文徵仲诸家画竹，为室以奉之，名之曰："此君轩"。其嗜之也至笃，而搜之也至专，非其志节意度符于古君子，亦安能有契于是哉！吾闻川口君之居，在备后之国，三原之城，山海环抱，松竹之所丛生。君优游其间，远眺林木，近观图画，必有有味于余之言者。既属余为《轩记》，因书以质之，惜不获从君于其间，而日与仲圭、徵仲诸贤游，且与此君游也。壬子九月。

二田画庾记

日本备后三原城，有好古之士三：曰川口国次郎，曰久野元吉，曰隅田吉卫。三君者，相得也，余皆得与之游。川口君之所居，有此君轩，久野君有墨妙亭，余皆记之矣。既而隅田君以书来，曰："余有二田画庼者，以沈石田、恽南田之画名焉。君于二君之居既有文，请为我记之。"则应之曰："诺。"夫绘画之可贵者，非以其所绘之物也，必有我焉以寄于物之中。故自其外而观之，则山水云树竹石花草，无往而非物也；自其内而观之，则子久也，仲圭也，元镇也，叔明也，吾见之于墙而闻其謦欬矣。且子久不能为仲圭，仲圭不能为元镇，元镇、叔明不能为子久、仲圭，则以子久之我，非仲圭之我，而仲圭、元镇、叔明三人者，亦各自有其我故也。画之高下，视其我之高下。一人之画之高下，又视其一时之我之高下。隅田君之于画，其知此矣。夫二田之画，至不相类也。石田之苍古，南田之秀润，皆其所谓我而不能相为者也。石田之画，荟蔚沈厚，得气之夏，其所写者，虽小草拳石，而有土厚水深之势。南田之画，融和骀荡，得气之春，其所写者，虽枯木断流，而皆有苏生旁出之意。此其不能相为者也，其于书也亦然。石田之书瘦硬如黄山谷，南田之书秀媚如褚登善，而二田之书，又非登善、山谷之书也，彼各有所谓我者在也。不然，如石田者，生全盛之世，康宁好德，俯仰无作，以老寿终，宜其和平简易，无奇伟之观。南田幼遭国变，至为僮仆，为浮屠，虽返初服，而枯槁以终，上有雍端之亲，下有敬通之妇，宜其忧伤憔悴，无乐生之意。而其发于书画者如此，岂非所谓真我者得之于天，不以境遇易欤？二田之画，绝不相类，而君乃合而珍弃之，是必有见于其我之高且大者，而不以其迹也。故书以谂君，并质之川口、久野二君以为何如也？壬子十月。

传书堂记

乌程蒋孟苹学部落其藏书之室，颜之曰“传书堂”，盖其先德书箴先生书室之旧额也。初，道、咸之间，西吴藏书家数蒋氏。书箴先生尊人子垕先生与季父季卿先生，以兄弟相师友，专攻小学，兼精雠校，大江以南，精椠名钞，麇走其门。子垕先生藏书之居曰俪籯馆，曰茹古精舍，季卿先生之居曰求是斋，皆有声吴、越间。无何赭寇乱作，两先生挟其书走海门，而季卿先生旋卒，书之厄于水火盗贼者几大半。比子垕先生殁，先生悉推家产于诸昆弟，而独取书籍二十篋，名其所居曰“传书之堂”，其风尚如此。孟苹即先生长子也，幼传家学，能别古书真伪，自官京师，客海上，其足迹率在南北大都会，其声气好乐，又足以奔走天下。故南北故家，若四明范氏，钱唐汪氏，泰州刘氏，泾县洪氏，贵阳陈氏之藏，流出者多归之。其于先世遗籍，求之尤勤，凡旧籍之有茹古精舍、求是斋图记者，估人恒倍蓰其直，以相要市，孟苹辄偿之。藏书家知孟苹者，间得蒋氏故书，亦颇以相赠遗。故孟苹所得先世遗书，虽经兵火转徙之后，尚不下百种，然以视其所自搜集者，劣足当其百分之一。顾取先人旧额，以传书名其堂，余谓为子孙者，如孟苹始可谓之能传书矣。余闻之：百围之木，不生于堂密；寻文之鱼，不产于潢污。西吴藏书，盖有端绪。自宋初沈东老父子始以收书知名，南渡后，叶石林退居弁山，复以藏书雄东南，其后若齐斋倪氏，月河莫氏，竹斋沈氏，直斋陈氏，随斋程氏，草窗周氏，藏书多者号十万卷，少者亦三四万卷，视行都蔑如也。有明一代，若茅顺甫之白华楼，沈以安之玩月楼，姚翔卿之玩画斋，并有簿录，犹有陈、程诸氏遗风。国朝自蠡舟董氏，疏雨刘氏，芳茉严氏后，尤不易更仆数，而姚彦侍方伯之咫进斋，陆刚父观察之皕宋楼，实为之殿。光绪之末，陆氏书流出海外，姚氏之藏，亦归京师图书馆，浙西文献，为了俄空。而孟苹与其同里张石铭观察，刘翰怡京卿，崛起丧乱之际，旁搜远绍，蔚为大家。海内言藏书者推南浔顾，或举欧阳公，语谓“物聚于所好，而得于有力之疆”。然当世有力如三家者，无虑百数，而三家独以藏书名，则岂不以石林、直斋诸先哲之遗风所被者远，其源流清浊之所处，风化芳臭气泽之所及，固与他郡殊欤？一家之泽，犹一乡也。若孟苹者，生于藏书之乡，又生于藏书之家，其于经籍，心好之而力赴之，固非偶然。是故书有存亡，唯此传书之精神，则历千载而不亡。石林、直斋之藏，久为煨烬，而今有张、刘诸家，茹古精舍、求是斋之书，十不存一，而今有孟苹。然则蒋氏三世之精神风尚，虽传之百世可也！《诗》云：“贻厥孙谋，以燕翼子。”子厔、书箴二先生以之。又云：“昭兹来许，绳其祖武。”孟苹以之。余既登孟苹之堂，而览其书，乐其搜讨之勤，而又能道春先人之美也，故书而著之，俾后世知所自焉。壬戌六月。

库书楼记

光、宣之间，我中国新出之史料凡四：一曰殷虚之甲骨，二曰汉、晋之简牍，三曰六朝及有唐之卷轴，而内阁大库之元、明及国朝文书，实居其四。顾殷虚甲骨，当其初出世，已视为骨董之一，土人仍岁所掘，率得善价以去，幸无毁弃者。而西垂简牍卷轴，外人至不远数万里，历寒暑、冒艰险以出之，其保藏之法尤备。独内阁文书，除宋、元刊写本书籍，入京师图书馆外，其余十三年之间，几毁者再，而卒获全者，虽曰人事，盖亦有天意焉。案内阁典籍厅大库，为大楼六间，其中书籍居十之三，案卷居十之七。其书多明文渊阁之遗，其案卷则有列朝之朱谕敕谕，内外臣工之黄本、题本、奏本，外藩属国之表章，历科殿试之大卷。其他三百年间，档册文移，往往而在，而元、明遗物，亦间出其中。盖今之内阁，自明永乐至于国朝雍正，历两朝十有五帝，实为万几百度从出之地。雍、乾以后，政务移于军机处，而内阁尚受其成事，同政府所奉之朱谕，臣工所缴之敕书批折，胥奉储于此，盖兼宋时宫中之龙图、天章诸阁，省中之制敕库班簿房而一之。然三百年来，除舍人省吏循例编目外，学士大夫罕有窥其美富者。宣统元年，大库屋坏，有事缮完，乃暂移于文华殿之两庑。

地隘不足答，具露积库垣内者尚半，外廷始稍稍知之。时南皮张文襄公，方以大学士军机大臣管学部事，奏请以阁中所藏四朝书籍，设学部京师图书馆，其案卷，则阁议概以旧档无用，奏请焚毁，已得俞旨矣。适上虞罗叔言参事以学部属官，赴内阁参与交割事，见库垣中文籍山积，皆奏准焚毁之物，偶抽一束观之，则管制府干贞督漕时奏折，又取观他束，则文成公阿桂征金川时所奏，皆当时岁终缴进之本，排比月日，具有次第，乃亟请于文襄，罢焚毁之举，而以其物归学部，藏诸国子监之南学，其历科殿试卷，则藏诸学部大堂之后楼。辛壬以后，学部后楼及南学之藏，又移于午门楼上所谓历史博物馆者，越十年，馆中资费绌，无以给升斗，乃斥其所藏四分之三，以售诸故纸商，其数以麻袋计者九千，以斤计者十有五万，得银币四千元，时辛酉冬日也。壬戌二月，参事以事至京师，于市肆见洪文襄揭帖，及高丽国王贡物表，识为大库物，因踪迹之，得诸某纸铺，则库藏具在，将毁之以造俗所谓还魂纸者，已载数车赴西山矣。亟三倍其直偿之，称贷京、津间，得银万三千元，遂以易之。于是此九千袋十五万斤之文书，卒归于参事。参事将筑库书楼以储之，而属余为之记。余谓此书濒毁者再，而参事再存之，其事不可谓不偶然，固非参事能存之也，国朝祖宗圣德神功之懿，典章制度声名文物之盛，先正讦谟远猷之富，与夫元、明以来史事之至赜至隐，固万万无亡理，天特假手于参事以存之耳！然非笃于好古如参事者，又乌足以与于斯役也。参事夙以收藏雄海内，其天津之嘉乐里第，有殷时甲骨数万枚，古器物数千品，魏、晋以降碑志数十石，金石拓本及经籍各数万种，实三古文化学术之渊薮。今者又得此大库之书，宸翰之楼，大云之库，与斯楼鼎峙北海滨。世有张茂先，必将见有庆云休气发于汉津箕斗之间，而三垣十二次无不浴其光景者，何其祎欤！虽然，参事固不徒以收藏名家者也。其于所得之殷虚文字，固已编之、印之、考之、释之，其他若《流沙坠简》，若《鸣沙石室古佚书》等，凡数十种，先后继出。传古之功，求之古今人，未见其比。今兹所得，又将比十年之力，检校编录，而择其尤重要者，次第印行。其事诚至艰且巨，然以前事征之，余信参事之必能办此也。其诸山川重秀，天地再清，举斯楼之藏，还之天府，以备石室金匮之储，至千万世，传之无穷，余又信参事之必有乐乎此也。然则斯书之归参事，盖犹非参事之志欤？壬戌七月。